Using Observation
in Early Childhood Education

幼儿行为观察与评价丛书

观察
读懂与回应儿童

〔美〕Marian Marion 著

刘昊 张娜 罗丽 译

图书在版编目(CIP)数据

观察：读懂与回应儿童／（美）玛丽安·玛丽昂（Marian Marion）著；刘昊，张娜，罗丽译. —北京：中国轻工业出版社，2021.7（2022.1重印）

ISBN 978-7-5184-3420-6

Ⅰ.①观… Ⅱ.①玛… ②刘… ③张… ④罗… Ⅲ.①学前教育-教育心理学-高等学校-教材 Ⅳ.①G44

中国版本图书馆CIP数据核字（2021）第042453号

版权声明

Authorized translation from the English language edition, entitled *Using Observation in Early Childhood Education*, 1st Edition by Marion, Marian, published by Pearson Education, Inc., Copyright © 2004 by Pearson Education, Inc.

All rights reserved. No part of this book may be reproduced or transmitted in any form or by any means, electronic or mechanical, including photocopying, recording or by any information storage retrieval system, without permission from Pearson Education, Inc.

Chinese Simplified Language edition published by China Light Industry Press, Copyright © 2021.

本书原书由美国培生教育出版集团于2004年出版，中文简体字版由中国轻工业出版社翻译出版。

总 策 划：石　铁
策划编辑：高　君　　责任终审：腾炎福　　责任校对：万　众
责任编辑：张天怡　　责任监印：刘志颖

出版发行：中国轻工业出版社（北京东长安街6号，邮编：100740）
印　　刷：三河市鑫金马印装有限公司
经　　销：各地新华书店
版　　次：2022年1月第1版第4次印刷
开　　本：710×1000　1/16　印张：18.25
字　　数：144千字
书　　号：ISBN 978-7-5184-3420-6　定价：58.00元

读者热线：010-65181109，65262933
发行电话：010-85119832　传真：010-85113293
网　　址：http://www.chlip.com.cn　http://www.wqedu.com
电子信箱：1012305542@qq.com
如发现图书残缺请拨打读者热线联系调换
201583Y1X101ZYW

译者序

对幼儿的观察评价,是近几年我国幼儿园教师们十分关注的一个话题。对这项工作的重视,反映出教育视角的两个转变:一是从关注儿童的一般整体、基于普遍情况进行无差别的教育,转变到关注独特个体、基于个性需求进行差异化的教育;二是从成人视角关注"教师如何教",转变到站在儿童视角关注"幼儿如何学"以及"学得怎么样"。这两个转变代表着教育水平的提升,是迈向高质量学前教育的标志。经过多年的课程与教学改革,我国的幼儿园正在经历着上述转变。

在实践中,教师对于如何开展评价仍然存在诸多困惑。早在2001年教育部颁布的《幼儿园教育指导纲要(试行)》中就提到:对幼儿的评价应当"在日常活动与教育教学过程中采用自然的方法进行。平时观察所获的具有典型意义的幼儿行为表现和所积累的各种作品等,是评价的重要依据"。这两句话非常明确地指出了,评价应该伴随自然的教育教学活动过程,主要采取观察的方式进行。

如何才能更好地观察呢?这就需要回答两个问题:第一,如何观察,即应当采用哪些具体方法、形式;第二,观察什么,即需要观察哪些内容、要点。近些年来,虽然国内引进过不少相关的书籍,指导教师开展观察评价;但非常遗憾的是,上述两个问题并没有得到很好的解答。在"如何观察"方面,一些著作(或教材)谈及的方法往往仍然未能摆脱实验研究的范式,不能真正地贴近一线教师的工作实践,仅举一例,比如很多书籍都谈及的"时间取样""事件取样"。在实际工作中,在"观察什么"方面，目前较少有著作能够系统地帮助教师们梳理观察要点，并配合鲜活的案例进行深入浅出的解读。

相对而言，本书的一个优势是符合我国幼儿园教师的工作需要。比如，它用了大量的篇幅来阐述轶事记录的方法，能够帮助教师了解"观察记录"的价值、功能、写法和注意事项；它详细地介绍了行为检核表的记录方法，能够提示教师采用多元化的方法进行记录和分析；它还展示了如何进行观察报告的撰写、成长档案袋的整理，能够引导教师有效地总结和回顾观察内容，让评价结果更有价值。这些方法都是我国的幼儿园教师可以用、应该用的方法。在"观察什么"方面，本书的第三部分分别从动作、认知、情绪和社会性几个领域出发，通过实例进行了详细的解析，并且讲解了如何通过观察来分析和预防幼儿的问题行为。这些也都是我国的幼儿园教师在日常的观察评价中会遇到的十分现实的问题。因此可以说，本书对我国幼儿园教师来说极具指导性，既可以作为一本知识学习的教材，也可以作为指导观察的工具书。

更重要的是，本书还指出了，观察应作为教师自我反思、自我成长的途径，并给出了具体的案例和方法。这一点对我国教师来说尤为重要，因为观察和评价幼儿的表现，绝不是为了给幼儿的水平下个定论，而是要把幼儿当作一面镜子，折射出自己是否为幼儿提供了充分的机会、适宜的指导，让他们能够表现出自己的应有水平。只有在充分体会这一点的基础上，才能把具体的观察方法用好。这就是"道"与"术"的关系吧。

不过要指出的是，本书毕竟是源于美国的文化背景和实践情境，它的一些内容和我国幼儿园的现实情况不可避免地存在不同之处。所以，教师在阅读本书时需要留意两国文化和教育传统的不同，不应也不必照搬本书的具体方法，而要在思考和理解的基础上，掌握相应的理念和方法，使它"为我所用"。

本书的翻译工作由三位译者共同承担，其中，前言和第一、二、三、四章由刘昊翻译，第五、六、七、九章由张娜翻译，第八、十、十一章由罗丽翻译。限于水平，翻译中难免有疏失简陋之处，还请读者们不吝赐教！希望本书的出版能够起到抛砖引玉之效，未来出现更多、更好的贴近实际需求的著作尤其是本土著作，帮助我国幼儿园教师把幼儿观察评价工作做得更好。

刘昊　张娜　罗丽
2021 年 1 月 10 日

前　言

欢迎阅读本书。我写这本教材的目的是帮助读者了解观察的过程。我希望读者具备观察、记录和评价儿童的发展和进步的能力，理解符合道德规范且负责任的观察是教师的职业生涯中多么强大的工具。

就像我的其他书一样，如《幼儿指导手册》（*Guidance of Young Children*），我通过这本教材来表达自己的儿童观。

- 我相信，保护儿童是教师最重要的作用。通过阅读本书，学前教育专业人士应该了解，我们通过做出积极、有意识的教育选择来最有效地教学和保护儿童，包括如何评价和观察儿童。当我们拒绝采用不合理且具有潜在危害的评价策略时，我们就在保护儿童。我们也通过符合道德规范且负责任的观察以及保护儿童的隐私来保护儿童。

  全美幼儿教育协会（National Association for the Education of Young Children，NAEYC）的《道德行为准则》（Code of Ethical Conduct）最重要的一点是，强调"我们不能伤害儿童。我们不能做出对儿童不尊重的行为"。我很看重这一建议。选用本书的读者将学习运用符合道德规范且负责任的策略和尊重的方式来观察和评价幼儿。

- 我相信，观察是强大的工具。阅读本书的读者应该确信，他们能够用观察提高自己作为专业人员的有效性。他们将学习如何观察儿童，记录儿童的发展和进步，也将学习观察儿童的行为，成为反思型教师，预防或解决问题，与家长合作。

- 📖 我相信，我们可以选择如何观察和运用观察。读者可以选择如何负责任地观察和评价儿童，应该知道他们选择的方法很重要，也要懂得如何选择正式或非正式的观察和评价方法，还应该了解如何将观察融入班级的日常生活。
- 📖 我相信，观察和评价儿童的进步没有唯一正确的方法，但是有很多好的方法。本书将帮助读者清晰、明确地了解主要的观察方法，促使他们使用一种或结合使用多种发展适宜性方法，从而获得他们需要的信息。我希望，他们重视运用多种观察方法的机会。

本书的特点

- 📖 展现了教师瓦尔加斯女士（幼儿园）、克莱本先生（小学一年级）、内利斯先生（学前班至小学二年级混龄班）和李先生（小学三、四年级）如何将观察融入教学。
- 📖 强调了观察是幼儿真实性评价的一部分。
- 📖 讨论了与幼儿标准化测试有关的问题。
- 📖 论述了观察的道德规范。
- 📖 说明了在观察中以高效的方式提供实用、明确的帮助。
- 📖 阐述了主要的观察方法。
- 📖 列举了在班级中使用观察方法的真实案例。例如，在谈及持续性记录时呈现多个真实的持续性记录。
- 📖 探讨了个案研究。
- 📖 展示了贯穿全书的有用图表，如检核表、评定量表。

- 呈现了幼儿园、学前班和小学中真实生活的观察案例。
- 定义了专业术语。
- 呈现了利于读者学习的写作风格。
- 附录1和附录2提供了观察报告的写作大纲，以及在观察游戏材料或活动时应该关注什么的建议。

本书结构

本书由3个部分11章构成。

第一部分：早期教育中观察的力量、道德规范与过程

本书的第一部分由两章组成，目的是做两件事。第一，让读者理解，观察对早期教育专业人员来说是多么强大的工具；第二，让读者明白，他们有责任进行符合道德规范的观察。

第1章，强调观察的真正力量。观察是对幼儿进行真实性评价的一个重要因素，读者将看到，他们能用观察预防或解决作为专业人员会面对的许多问题。

第2章，解释符合道德规范的观察。读者将学习如何在观察中保护儿童的隐私，以及自己的观察记录。本章将提出两类主要的观察，即叙事性观察和非叙事性观察，以及每个类别中主要的实用方法。

第二部分：早期教育中观察与记录儿童发展和进步的方法

读完第二部分，读者将开始理解观察和记录儿童的发展和进步的几种方法，阅读相应的理论基础，以及有关每个策略的具体、详细、可用的信息。

第3章，展示如何撰写好的、有用的轶事记录。读者将快速地了解使用轶事记录观察儿童发展和进步的几乎所有方面的价值。

第 4 章，帮助读者学习详细地记录。他们将发现持续性记录在真实性评价中的力量，学习如何客观地记录儿童或活动，以及如何反思收集到的数据。

第 5 章，描述两个"捷径"。读者将了解到，检核表和评定量表是迅速收集某类信息的有用策略。他们将学习编制不同类型的检核表和评定量表。

第 6 章，展示记录与报告儿童的发展和进步的几种不同方式，如儿童的作品样本、记录展示、观察报告。本章也阐释了将档案袋作为记录和报告的一种方式。读者将学习在班级中使用档案袋的实用策略。

第三部分：应用观察

这一部分帮助读者将观察付诸实践。

第 7 章，帮助读者学习观察儿童的行为。例如，他们将快速地发现，观察在处理儿童的问题行为中的价值。

第 8 章，促使读者通过系统的观察发现和培养儿童的优势。读者将学习基于折衷取向观察儿童的动作和认知发展。

第 9 章，与第 8 章相似，聚焦于结合运用观察工具。这有助于读者获得有关儿童情绪和关系的最有帮助的信息。他们将看到教师使用现成、易获取的"社会性特征检核表"以及几种教师自编的观察工具。

第 10 章，鼓励读者具备解决问题的态度，说出"这是个问题，但我可以找到解决方案"。这表明，符合道德规范的反思型教师将观察视为一种预防或解决问题的有价值的技能。

第 11 章，帮助读者运用观察成为反思型教师。他们将有机会评估自己的能力，反思自己的实践。

目　录

第一部分　早期教育中观察的力量、道德规范与过程

第 1 章　观察的力量 // 3
观察之中蕴含力量 // 4
帮助你建构观察知识和技能的活动 // 17

第 2 章　观察的道德规范与过程 // 21
汉娜的老师 // 22
观察的道德规范 // 22
观察的过程 // 32
帮助你建构观察知识和技能的活动 // 42

第二部分　早期教育中观察与记录儿童发展和进步的方法

第 3 章　轶事记录：一种简短的叙事性观察方法 // 45
轶事记录 // 46
轶事记录的优点和缺点 // 61
高效地使用轶事记录 // 62
帮助你建构观察知识和技能的活动 // 64

第 4 章 持续性记录：一种较长的叙事性观察方法 // 67
　　持续性记录 // 68
　　持续性记录：描述 // 68
　　持续性记录的格式 // 69
　　有重点地进行持续性记录 // 81
　　持续性记录的优点和缺点 // 85
　　帮助你建构观察知识和技能的活动 // 87

第 5 章 检核表和评定量表：观察儿童发展和进步的非叙事性观察方法 // 89
　　检核表 // 91
　　评定量表 // 99
　　关于增强检核表和评定量表的功能的建议 // 102
　　帮助你建构观察知识和技能的活动 // 104

第 6 章 记录与报告儿童的发展和进步：作品样本、观察报告和成长档案袋 // 107
　　记录与报告儿童的发展和进步 // 108
　　记录与报告儿童的发展和进步的不同方法 // 109
　　成长档案袋：整合 // 114
　　成长档案袋的类型 // 118
　　成长档案袋的内容 // 123
　　成长档案袋适用于所有年幼儿童 // 129
　　帮助你建构观察知识和技能的活动 // 130

第三部分　应用观察

第 7 章　观察行为：破解密码 // 135

　　权威型照护和观察（案例研究）// 136

　　观察儿童行为的原因 // 137

　　关于行为的五个问题：人物、事件、时间、地点、原因 // 147

　　帮助你建构观察知识和技能的活动 // 152

第 8 章　基于折衷取向观察儿童的动作和认知发展 // 155

　　观察与评价的困境 // 156

　　本章目标 // 158

　　不同类型的观察和评价策略 // 159

　　标准化评价工具 // 160

　　教师自编和现成的观察与评价工具 // 162

　　观察和评价动作发展 // 163

　　观察儿童的认知发展 // 180

　　记忆 // 187

　　帮助你建构观察知识和技能的活动 // 191

第 9 章　基于折衷取向观察儿童的情绪和社会性发展 // 193

　　儿童的情绪发展 // 194

　　儿童的情绪：以愤怒为例 // 202

　　同伴关系在社会性发展中的作用 // 206

　　同伴经验的三个水平：互动、关系、集体 // 206

　　游戏 // 213

　　观察情绪和社会性发展 // 217

　　帮助你建构观察知识和技能的活动 // 226

第 10 章　用观察预防和解决问题 // 229

　　从问题解决视角出发 // 230

　　用行动解决问题 // 233

　　用行动解决问题：瓦尔加斯女士（幼儿园）// 234

　　用行动解决问题：克莱本先生（小学一年级）// 237

　　用行动解决问题：内利斯先生（学前班至小学二年级）// 242

　　用行动解决问题：李先生（小学三、四年级）// 245

　　帮助你建构观察知识和技能的活动 // 246

第 11 章　基于观察的反思型教师 // 249

　　专业发展计划：奥克劳文学校（案例研究）// 250

　　教学反思 // 251

　　观察：教学反思的基础 // 255

　　幼儿学习环境评量表（修订版）// 256

　　小学低年级课堂实践评量表 // 258

　　将反思付诸行动 // 259

　　帮助你建构观察知识和技能的活动 // 268

附录 1 // 271

附录 2 // 275

第一部分
早期教育中观察的力量、道德规范与过程

第 1 章　观察的力量。观察是一个强大的工具。本章将帮助你了解，在你的职业生涯中，观察的力量和潜能。观察可以帮助你了解儿童的发展，对儿童的发展和进步进行真实性评价，也可以帮助你规划适宜的课程以及教学方法，还可以帮助你在指导孩子方面做出明智的决策，成为反思型教师。在实践层面上，观察将成为帮助你预防或解决职业生涯中所必须面对的许多问题的最佳工具之一。

第 2 章　观察的道德规范与过程。"首先，不要伤害儿童"，这是全美幼儿教育协会所发布的《道德行为准则》的指导要求，它适用于观察幼儿的教师。你将学习如何进行合乎道德的观察，即如何在观察的同时保护孩子的隐私，以及确保你的观察记录得到保护。本章也将帮助你理解两类观察——叙事性观察和非叙事性观察，学习几种主要的实用观察策略。

第 1 章　观察的力量

本章目标

1. 列出观察能够帮助早期教育专业人员达到的关键目的或功能。
2. 解释观察的功能。
3. 举例说明观察的功能。

观察之中蕴含力量

本书聚焦于早期教育专业人员的观察技能。观察（以及记录）是教师能够发展和利用的最为强有力的技能之一（Bracken，2000；Cohen & Stern，1983；Cohen，Stern，& Balaban，1996；Hemmeter，Maxwell，Ault，& Schuster，2001）。它让教师在实施各种教育行为（包括了解儿童、规划课程、处理"引导"和"纪律约束"的两难困境、预防或解决各种问题等）之前就收集到所需要的信息（见表1.1）。

表 1.1

使用观察
※ 了解儿童的发展
※ 对儿童的进步进行真实性评价
※ 建构发展适宜性课程和教学方法
※ 做出明智的指导决定
※ 反思自己的教育实践
※ 预防或解决问题

观察促进教师了解儿童的发展

婴儿刚出生的时候有没有情绪？一个学步儿能否和其他的学步儿进行合作游戏？一个遭受虐待的孩子能对同伴显示出多少同理心？哪些因素会激发学前儿童的愤怒，当遇到这些因素时，他们通常会如何反应？5岁的儿童能保持持续的注意力吗？儿童什么时候能具备自控力？幼儿是如何理解"友谊"这个概念的？

观察，是一种历史悠久的方式，帮助家长以及早期教育专业的学生、教师和研究者了解儿童的发展，回答上述问题。例如，在自己的三个孩子还是婴儿时，皮亚杰（Piaget，1951）就对他们进行了观察。他观察他们如何接近并探究事物，如何解决他有意设置的难题。

几十年来，早期教育专业的学生们一直在使用观察方法学习有关儿童发展的知识，研究者们也以观察为重要手段记录和解读幼儿的成长和发展，如下所示。

- 正是因为研究者观察并记录了婴幼儿情绪发展的不同方面，我们才知道他们所具有的情绪（Fabes & Eisenberg, 1992; Izard, 1982; Malatesta, Culver, Tesman, & Shepard, 1989）。
- 正是由于一些研究者的观察，我们才了解到儿童游戏的诸多方面（例如，Harper & Huie, 1985; Howes & Matheson, 1992; Parten, 1932）。
- 正是由于艾斯沃斯、布莱哈、沃特斯、沃尔（Ainsworth, Blehar, Waters, & Wall, 1978）的研究，我们才了解到婴儿和照料者之间的依恋关系质量存在个体差异。

观察是比正式测试更可取的一种方式

内利斯先生是学前班至小学二年级混龄班（K—2）的教师，也就是说，他班上的孩子包括了学前班、一年级、二年级的学生。他与本学区和本州的其他学前班、小学教师一样，都在为一个可能的变化而担心。学区正在考虑对学前班到小学三年级的儿童进行正式的标准化测试，但教师们以往是通过定期的观察记录来评价儿童的发展和进步的（Bredekamp, 1987）。他们和很多其他早期教育专业人士以及研究者一样，认为很多正式测试的方式对幼儿来说是不适宜的。他们反对对幼儿进行正式测试（Genishi, 1992; Kamii, 1990; Katz, 1997; Meisels, 1993）。

早期教育标准化测试的问题主要集中于三个方面（Meisels, 1995）：

- 标准化测试和测试情境的性质
- 标准化测试可能对课程带来的负面影响
- 标准化测试结果的可能误用

第一,标准化测试和测试情境的性质构成了很大的问题,这导致标准化测试并不适用于幼儿。很多幼儿从未经历过类似于标准化测试的情境。测试者以相同的方式对所有儿童实施测查,儿童通常要坐在桌子前,在纸上对选项进行选择。这种测试还会规定时间。

另外,标准化测试是一种被动的评价方式,测试的内容一般是抽象的,对于8岁以下的儿童是不适宜的。它要求儿童遵从很多口头指令,而这对幼儿来说是有难度的。

让内利斯先生和本学区的其他教师特别担心的是,标准化测试可能给儿童造成非常大的压力。他们认为,很多儿童可能把标准化测试当作一个游戏,完全不会意识到成人将基于测试的结果对自己做出很多重大的决定。

第二,标准化测试可能对早期教育课程造成负面影响。教师要设计发展适宜性(developmentally appropriate)课程,就需要对幼儿的需求、兴趣、能力进行观察,这是在各个领域生成课程的第一步。标准化测试的一个重大问题在于,教师如果知道自己班的孩子要接受何种测试,就会为了迎合测试的内容选择教学内容。而这样的课程往往不会立足于教师对于幼儿的需求、兴趣和能力的观察。

第三,有些人会误用标准化测试的结果。其中的问题在于,基于测试结果做出的决定对儿童可能是有害的。例如,学校用标准化测试筛选报名的儿童时,要求儿童必须达到一定水平后才可以入学。这就是一种具有潜在伤害性的做法。

一些由于没有通过测试而被拒绝入学的儿童,他们的家长可能会觉得自己的孩子在某个方面"跟不上趟"。这种态度也许对孩子的价值感和胜任感产生影响，而这两者是建立自尊心的三要素之二。其次，这种测试可能对来自富裕、教育程度较高家庭的孩子更为有利。若将其比喻为体育运动，就可以说，这个"竞技场"不是为来自贫困、低教育程度家庭的儿童而设置的。

另一个场景是：有些学校可能规定儿童必须在标准化测试中达到一定的标准才有资格接受一些扩展性课程。这种测试被称为"高利害"（high-stakes）测试，也就是说，儿童入学或接受扩展性课程对他们有着重大的影响。

在现实中，标准化测试的分数对幼儿来说并没有什么意义，因为它代表不了什么，只能告诉测试者某个儿童处于百分之多少的区间上。标准化测试只能提供一小部分的信息。它给教师和家长带来的通常是更多的疑问而不是答案，也没有涉及一些应当考虑的因素，无法告诉我们特定儿童的能力水平。

内德，小学三年级学生，冲动性强，难以集中注意力。他在测试中无法集中注意力，导致测试分数不高。

* * *

查利是一个学前班儿童。教师注意到他很难遵从指令。标准化测试中的诸多指令让他躁动不安。

* * *

在两周的时间里，一位小学二年级教师每天都向学生们强调要接受标准化测试。他告诉孩子们这项测试有多么重要，在测试前的那个晚上一定要睡好。这让孩子们倍感压力，不利于他们获得良好的测试成绩。

对幼儿进行适宜的评价

真实性评价是一种具有发展适宜性的评价方法（Genishi, 1992）。在真实性评价中，教师尽可能地让儿童参与进来，系统地观察和记录儿童的发展和学习。真实性评价是基于表现的，采用此种评价方式的教师倾向于对儿童在某个领域的真实表现进行观察和记录（Clay，1993）。接受发展适宜性教育和真实性评价的教师往往喜欢记录儿童在应对真实生活中的多种问题时所表现出的能力（Hill & Ruptic，1994；Snow，1989）。

在早期教育领域中，很多特定的方法被用于实施真实性评价（Genishi，1992）。在对儿童的研究中，这些方法是最基本、最核心的因素，包括观察和记录的多种方式[1]，也包括做观察总结、使用儿童的作品制作档案袋[2]，以及采用音频或视频的方式记录儿童在班级活动中的表现。

克莱（Clay；1990，1993）开发了一个"阅读恢复"项目。该项目的实施基于教师的观察能力。教师通过每天采用持续性记录[3]（running records）的方法记录儿童的读写能力表现，并基于对儿童能力的了解，为儿童提供指导，帮助他们掌握阅读和书写的策略。

教师采用这种或者其他类似的方法进行观察，从而决定把哪些内容纳入课程。对教师来说，在对课程内容、课程实施方法进行选择的过程中，观察是核心要素。

观察是建构发展适宜性课程和教学方法的第一步

吉尼希（Genishi，1992）主要关心的是，教师和儿童在真实的生活中如何实施课程。她进一步指出，在建构主义的课程中，教师必须受到信任，进而决定哪些经验是真正有价值的、适合儿童发展的。教师基于

---

[1] 第3、4、5、6章描述和解释了观察的几种主要方法。

[2] 第6章解释了如何进行观察总结和制作档案袋。

[3] 第4章描述和解释了持续性记录。

自己对儿童的了解，包括儿童的已有经验、知识、社会交往历史等，做出课程决策。而要了解这些信息，最好的办法就是观察。

李先生是一位三、四年级的教师，他与二年级教师卡里斯蒂先生进行了交谈。卡里斯蒂先生抱怨说，班上有两个男孩经常扰乱大组活动。两个男孩在做数学任务上都有困难，每当做数学任务时都会捣乱。他已经多次为此让他们去坐"反思角（time-out）"，但是效果反而更差了。

李先生仔细地听了卡里斯蒂先生反映的情况，然后问他二年级每天的时间是如何安排的：

- 到校 / 大组活动（25 分钟）
- 阅读 / 小组活动（30 分钟）
- 音乐、艺术、个别辅导，或体育 / 大组活动（30 分钟）
- 特定课程领域的任务 / 个体活动（20 分钟）
- 第三次大组活动（30 分钟）

卡里斯蒂先生："我的时间安排跟这两个男孩的捣乱有什么关系？"

李先生："我还不确定，但是可以由此进行探讨。肯定有些事情困扰着这两个男孩，所以我们可以先看（观察）一些简单的因素，比如时间表或者你对他们的要求。我们先看不同类型的活动持续的时间。"李先生鼓励卡里斯蒂反思一下自己的教学（Kohn, 1996）。

卡里斯蒂先生用了几分钟反思自己的时间表，很快就发现，整个早上他都要求孩子们安静地坐 2.5 小时。他说："我一直都是这么安排的，有什么问题吗？"

李先生说："我会让孩子们积极地参与活动，同时也让他们有机会在班级里走动——当然是在一定的限制下。你觉得，孩子们会不会是因为早上要整整静坐 2.5 小时而导致了一些不良的反应？"李先生知道，一些研究揭示，7岁的儿童很难长时间地保持专注（Shaffer，1996）。

在卡里斯蒂先生的课程中，学习任务以及过多的大组活动构成了主要的问题，为此而惩罚那两个男孩是非常不合适的。他需要更好地了解每个男孩所能够胜任的数学任务是什么。教师应该基于发展适宜性的要求安排课程和时间。例如，他应该考虑采用更为活跃的学习方式来帮助孩子们掌握数学概念，甚至可以考虑暂时把数学任务从时间表中撤下来。

佩兰德（Pelander，1997）描述了他在三年级教学和时间安排中所做出的改变。从前，他在课程实施中采用的是传统、惯常的方法。比如，班上的儿童在同一时间做同样的事情，没有或很少有机会选择自己坐在哪里，也没有或很少有机会选择所做任务的顺序。教师负责让孩子们按部就班地进行一日生活。

他描述了自己向更具有发展适宜性的课程实施方式的转变过程。在新的时间安排中，佩兰德先生的学生们有一定的时间完成特定领域的任务，同时仍然要完成各个领域的常规任务，但是他们可以选择任务的顺序、完成任务的时间，在一定情况下还可以决定自己完成任务的地点。儿童可以自由地在教室里走动，更多地掌控自己的节奏。

观察是做出明智的指导决定的第一步

瓦尔加斯女士是一位幼儿园教师，林登女士是她班上的助理教师。上周，林登女士注意到，4岁的拉尔夫在用手敲沙鼠笼的铁丝盖子。林登女士看到他静静地用手指和指甲敲击、刮擦铁丝网。他并没有看沙鼠，也没跟沙鼠说话，他的眼睛是闭着的，一边敲，嘴里一边发出富有节奏的声音。沙鼠看起来很害怕，躲到了自己的小屋子里。

这是一个涉及纪律约束的场景，纪律约束是儿童社会化的一部分，即成人以某种方式帮助儿童调整自身的行为。纪律约束有很多种类型，比如教师教导儿童以尊重的态度对待他人或动物（如在沙鼠的家周围保持安静），以及让儿童承担清理或收拾物品的责任等。

在儿童早期阶段，纪律约束经常发生，即便是在拥有温暖、支持性氛围的班级或家庭中也是如此。当教师帮助儿童学习如何尊重他人的权利、遵从权威时，就是在进行纪律约束。有一些纪律约束涉及日常活动（比如，把沙池里的玩具放在三轮车车道之外，或学会轮流等待），有一些则涉及更加严肃和具有潜在危害的问题（比如，伤害他人，或恶意对待小动物）。无论严重程度如何，这些都属于纪律约束（Baumrind，1996；Marion，2003）。

对幼儿进行适宜性指导，需要教师决定如何以发展适宜性方式实施纪律约束。教师可以采用一些特定的步骤，而系统化的观察是关键所在（见表1.2）。

表 1.2　适宜性指导的四个步骤

观察

※ 观察儿童的行为。

※ 聚焦于问题发生的场景，将其视为问题解决的机会。

　　清晰地描述问题。判断该问题"属于"儿童还是教师。聚焦于如何解决问题，而不是责怪儿童。

※ 考察问题发生的情境。

　　扪心自问，儿童的年龄对其行为存在何种影响。思考儿童的家庭、文化背景、班级的物质环境、活动或材料是否对该问题具有影响。基本原则是，观察不是为了责怪儿童，而是为了对问题出现的情境因素获得更好的认识。

决定

　　你的观察会告诉你需要做出哪些改变。比如，你可能需要调整一下。

（续表）

> ※ 选择一种指导策略。
>
>   只选择具有发展适宜性的策略，而不是惩罚。思考你所选择的策略是否、为何适宜儿童的年龄。
>
> ※ 改变情境。
>
>   你可能决定改变班级的物理环境或时间表，开展更具有发展适宜性的活动，或是更好地摆放活动材料。
>
> ※ 改变自身行为。
>
>   你可能决定改变自己的一些行为。比如，你意识到自己从来没有对孩子们交代过有关操场的规则，因此决定之后和孩子们谈一谈这个问题。
>
> **行动**
>
> ※ 实施你所选择的策略，改变情境，或改变你想改变的行为。
>
> **反思**
>
>   在你做出改变后，考察情况是否有变化。哪些改善了，为什么？是否还有其他的东西需要改变？原因是什么？如果你想做出更多的改变，请回到第一步，重新开始这四个步骤。

来源：Marion, M.（2003）. *Guidance of Young Children* (6th ed.). Upper Saddle River, NJ: Merrill/Prentice Hall.

第一步：观察

聚焦于纪律约束的场景，将其当成一个问题解决的时机。一些成人往往采用惩罚作为纪律约束的手段，认为所谓的纪律约束就是实施惩罚，阻止儿童的某些行为（Kohn, 1996）。林登女士如果用罚坐"反思角"的方式处理拉尔夫的行为，就属于这一类。但是这种做法所带来的效果，无非是让拉尔夫遭到了惩罚而已。

一种更好的办法是，将纪律约束视为问题解决的时机，而不是一味地责怪儿童（Kohn，1996）。在需要对儿童进行纪律约束时，教师要做的第一件事是鉴别问题。教师必须非常清楚地描述问题，之后决定它是"属于"谁的问题？教师还是儿童？这些都要求教师必须是一个好的观察者。

林登女士迅速地观察了当时的场景，没有对拉尔夫的行为做出简单草率的评判。她看到沙鼠看起来很害怕，而拉尔夫并没有意识到沙鼠的恐惧。林登女士和瓦尔加斯女士都关心沙鼠，也关心如何帮助拉尔夫遵守有关公平、尊重地对待他人和宠物的班级规则。问题就在这里。之后，教师们断定，这个问题是属于教师的，因为是林登女士而不是拉尔夫为这件事而心烦，所以帮助拉尔夫理解和遵守班级规则是她必须承担的责任。

当你进行观察的时候，你同时也在考察问题发生的情境。情境中有哪些因素影响着儿童的行为？教师所观察到的问题是在特定的情境出现的。因此，教师不仅要观察问题本身，还要观察问题发生的情境。教师应该观察并记录儿童的年龄、兴趣、家庭或班级的物理环境、活动、材料等可能的影响因素。基本原则是，观察不是为了责怪儿童，而是为了对问题出现的情境因素获得更好的认识。

林登女士和瓦尔加斯女士已经通过观察发现拉尔夫对音乐有着特别的兴趣。她们采用了一个检核表[1]来考察每个幼儿的兴趣。此外，她们也记录了拉尔夫对音乐的兴趣，并在他的档案袋中放了一首他写的歌曲。教师们还看到拉尔夫平时对待班级中的动物都是温柔友善的，所以她们看到他敲击沙鼠的铁丝盖子时才会感到吃惊。她们从来没有看到他有意伤害动物。因此，她们得出结论，拉尔夫可能根本没有意识到他的行为给小动物带来了困扰，他并不是有意的。

---

[1] 第 5 章将解释运用检核表的观察方法。

第二步：决定

教师必须选择一种特定的指导策略，让策略聚焦于教导而非惩罚（Marion，2003）。在进行纪律约束时采用的指导策略对所涉及的儿童来说应当是适宜的。需要再次指出的是，关键在于教师要进行仔细的观察，才能判断所选策略是否有效。

林登女士决定通过做两件事来帮助拉尔夫。首先，重申班级里的规则（重申规则，就是一种指导策略）。其次，请拉尔夫思考用别的方式敲击。

教师要决定，是改变问题情境，还是改变自身行为（见表1.2）。

第三步：行动

林登女士采取了行动。

首先，她重申了有关尊重动物的规则，并以坚定而温和的口吻告诉拉尔夫，他必须停止敲击沙鼠的铁丝盖子，因为这样会吓到沙鼠。他们一起观察了沙鼠的反应。然后，她请拉尔夫考虑用一种更适宜的方式敲击。他说："我可以找一个真的鼓，但是我喜欢敲铁丝网发出的这种声音。"

林登女士说："我们可不可以找一个铁丝网，把它放到鼓上？这样你就可以听到同样的声音了。"

谈话之后，事情很快就发生了好的变化。林登女士走开了，拉尔夫又单独和沙鼠待在了一起。林登女士转过身，观察到拉尔夫在和沙鼠说话，她听到他说："对不起，我吓到你们了，请你们出来玩吧，我保证不再敲你们的铁丝盖子了。"

第四步：反思

教师应评估所采取的指导策略的有效性，这也要运用观察。林登女士认为，拉尔夫对沙鼠说的话表明，他开始意识到自己吓到了它们。她有意识地留意了沙鼠笼，观察到拉尔夫从那天起再也没有把它当鼓敲。他们一起制作了一个带铁丝网的鼓,林登女士观察到拉尔夫开始用这个鼓来玩。

观察让教师反思自己的教育实践

奥克劳文学校(Oaklawn School)的校长勒布朗(LeBlanc)女士观察学校的每一位教师,看他们是否给予班上每个孩子同等的关注(Kontos & Wilcox-Herzog,1997)。她三次观察了内利斯先生的科学课和数学课,认为他对男孩和女孩基本上给予了公平的对待。然而,她也发现,内利斯先生在科学和数学课上更多地提问男孩。当女孩在数学课上回答问题时,他只是简单地点点头,但在男孩回答问题时他显得非常热情。

校长和内利斯先生谈了话,内利斯先生很诧异于自己对待男女生的方式居然如此不同。他并没有为自己辩护,而是反思了校长的观察结果。下一次再上科学课或数学课时,他在教学计划上写了一句:"既要提问男孩又要提问女孩,以回应男孩的方式来回应女孩的回答。"

他请校长再次观察自己的课堂。校长很快看到,他对男孩和女孩采取了同样的提问方式。内利斯先生的行为变化,正是他反思、质疑自身教育行为的直接结果(Kohn,1996)。

所以,观察是提升教学有效性的关键途径。反思型教师会使用观察来考察自身的教育行为。如果我们能反思自身的行为,并积极地决定是否、如何做出改变,我们就能成为更好的教师。反思必不可少,而观察是其中的关键所在。

观察是预防或解决很多问题的关键

不仅是指导儿童,教师还必须对很多其他问题做出决定。这里只是给出了少数的几个例子。教师必须做出的决定涉及物理空间的布置、时间的安排,以及课程的实施。这是班级管理的两大主要方面。

教师经常觉得，帮助家长理解课程内容和活动很困难，需要面对愤怒的家长。他们必须解决的问题往往涉及个人的情绪——儿童的情绪或者家长的情绪（见第 10 章）。教师还要考虑如何应付职场问题。

观察是选择问题解决策略的关键，同时也是预防很多问题的关键。

幼儿园教师瓦尔加斯女士为其他教师提供咨询，帮助他们解决班级管理中遇到的各种问题。最近，她在帮助一位教师应对的问题是如何更好地组织孩子们清理物品。这位教师抱怨说，自己班上的孩子在活动结束后不愿意收拾东西。

瓦尔加斯女士在观察该班级时，重点关注了班级里的物品。她特别留意了这位教师管理物品的方式，她认为这是很多问题的根源所在。瓦尔加斯女士采用了一个评定量表（Marion，2003）来评估该教师管理物品的方式（见表 1.3）。

表 1.3　评定量表：对班级中材料的管理

使用该评定量表评估幼儿园教室中物质材料和设施管理的状况。逐条评估。1 代表最低水平，5 代表最高水平。最后留出的空白用于填写评论。	
教师在收集材料时发挥了领导力。	1　2　③　4　5
活动所需的所有材料都在场。	1　2　③　4　5
在活动开始前，材料就被收集好了。	1　②　3　4　5
设施设备的大小适宜于班级儿童。	1　2　③　4　5
设施设备运行状况良好。	1　2　③　4　5
儿童在没有成人过多帮助的情况下能使用材料。	1　2　③　4　5
设施设备干净整齐。	①　2　3　4　5
材料井然有序。	1　②　3　4　5
兴趣区的材料存放有序，便于儿童取放。	1　②　3　4　5
在活动后，教师如果期望儿童清理材料，就会为此考虑并提供所需的工具。	1　②　3　4　5

（续表）

教师如果期待儿童开展某项活动，就会为其提供所需的材料。		① 2 3 4 5
将不是为儿童准备的材料放在儿童够不到的地方。		1 2 3 ④ 5

评论和建议

　　收集了很多有趣、有用的材料。问题在于，活动开始之前才开始收集材料，这似乎存有安全隐患。一个大问题是材料的整理和清洁。需要更有条理地整理材料，让儿童更方便地取放材料。帮助儿童在日常活动中清理材料，需要在活动前就对此进行思考，提供必要的材料。建议将这些纳入教学计划，并定期清理设备。

来源：Marion，M. (2003). *Guidance of Young Children* (6th ed.). Upper Saddle River，NJ：Merrill/Prentice Hall.

帮助你建构观察知识和技能的活动

活动 1

　　小组讨论。邀请三位教师参与本班的小组讨论。列出一些问题，询问教师如何进行观察。这里有一些问题的参考范例。请至少再列出两个问题，把这些问题提前交给你邀请的教师，让他们进行充分思考。

1. 请描述一个你班上需要进行纪律约束的场景，以及你在决定如何做之前是如何仔细观察的。
2. 请举例说明你是如何通过观察了解自己的教学对儿童的参与度的影响的，从而对教学进行调整。
3. 你是否观察过时间表或班级环境对儿童行为产生的影响，进而对其进行调整？如果有，可否为我们讲一讲？

活动 2

搜索有关幼儿评价的信息，包括立场声明文件、出版物（书籍、文章、宣传单、宣传册）、视频或海报。总结各个组织有关幼儿评价的观点。

进行一些现实调研。考察你所在的州对于幼儿标准化测试的态度和做法。开端计划项目对待标准化测试的态度是怎样的？使用了哪些测试？询问学校是如何使用测试结果，以及如何跟家长沟通测试结果的。有哪些决定是基于测试分数做出的？此外，也询问你的调研对象，在标准化测试之外，他们还使用了哪些方法来评价儿童的发展和进步。

活动 3

补充性个案研究：罗布

请使用下面的案例，练习适宜性指导的四个步骤（见表 1.2）。

罗布是个 4 岁大的男孩。幼儿园教师观察到他经常说脏话。当搭的积木倒了的时候，他沮丧地说脏话；当葡萄干面包很好吃的时候，他会激动地说脏话——"这面包真 ×× 好吃"；当水桌的水溅到新鞋子上时，他会轻柔地说脏话。生气的时候，他也说脏话。教师对于罗布的行为感到困惑，于是找机会和他的家长在一家快餐店见了面。简短地交谈之后，教师就想离他们远点，因为他们说话时都会用罗布说的那些脏话，即便在正常的交谈中也是如此（他们看起来一点也没有愤怒之类的情绪）。

请根据适宜性指导的四个步骤，计划一下你将在班级中如何应对罗布说脏话这个问题。

补充性个案研究：等待，等待，等待

用下面的案例，帮助实习教师反思教育实践。

内利斯先生班上的实习教师带着孩子们去图书馆。内利斯先生在此期间只是进行观察，因为当天是由实习教师负责，而他承担的是配合者的角色。他注意到几个孩子在排队等待借书的时候打闹嬉笑，这让实习教师感到很受挫。这几个孩子的行为还有所升级，其中两个孩子嬉笑说话的声音越来越大。孩子们排队等了 5 分钟之后，图书馆的工作人员才开始办理。

实习教师记下了他认为"制造混乱"的学生姓名，打算回校后把名单上交给学校。但是内利斯先生悄悄地介入了，因为他不赞同这种处理纪律问题的方式。返校后，他和实习教师一起交谈、反思。

- 他请实习教师重新思考当时的场景，回顾在图书馆究竟出了什么问题。
- 他们谈到，让孩子们站在队伍中等待那么长时间是否适宜。
- 他请实习教师回忆，当孩子们在等待时他观察到了什么（打闹、推搡）。
- 内利斯先生请实习教师思考，是否可以想到一种别的办法，让孩子们借书时可以不用花那么长时间。

从你的角度看，内利斯先生是如何避免武断地评判的？他提出的问题将如何帮助实习教师反思和检查自己的教育实践？

第 2 章　观察的道德规范与过程

本章目标

1. 掌握并解释为什么符合道德规范的观察方法非常重要。
2. 解释在观察中保护儿童隐私的几种方法。树立愿意保护儿童隐私的态度。
3. 解释确保观察的保密性的几项措施。
4. 鉴别何种情况下应当透露观察信息。
5. 列出、描述并解释观察方法的两种主要类别。
6. 描述参与式观察者、非参与式观察者。
7. 列出观察中使用的几种不同的工具,解释它们为什么是有用的。

汉娜的老师

汉娜是一个 28 个月大的孩子，在汤普森先生的班级 5 个月了。汉娜看起来很喜欢在兴趣区和其他小朋友一起玩。今天，汉娜在活动时尖叫，还打了雷切尔，老师们从未见过汉娜打人，所以都震惊了。汤普森先生对助手说："我昨天听到汉娜对雷切尔叫喊，今天打了她。我不清楚发生了什么，我要看看是怎么回事。"

汉娜的老师就像其他婴幼儿班级的教师一样进行了自然观察，也就是在自然的班级环境中，不对情境做任何控制地观察。汤普森先生遵循了一系列的观察程序——观看、记录、分析自然情境中发生的事件（Wrigh，1960）。符合道德规范的观察需要进行系统的规划。最重要的是，教师的工作涉及儿童、家长和其他教师，所以符合道德规范是对教师工作的必然要求。

观察的道德规范

全美幼儿教育协会制定了《道德行为准则》（NAEYC，1989，1997）来指导早期儿童教师。该准则的基本原则如下：

首要的一点是，我们不能伤害儿童。我们不能做出对儿童不尊重的行为……该原则与本准则中其他原则相比，居于首要地位。（原则 1.1）

就观察而言，"不能伤害儿童"的原则敦促教师在进行观察时要表现出对儿童的尊重。忽视观察的道德规范会导致对儿童的伤害，损害教师与家长、其他教师之间的关系。在观察以及对观察结果的报告中，采用符合道德规范的方法至关重要。

这里有两个反例。

一位学前班教师拥有非常好的观察技巧，她能通过观察收集儿童的信息。但是，她公开地和别人交流自己的观察，这意味着她违反了保密性原则。她的行为是不符合道德规范的，因为没有保护儿童及其家庭的隐私。

＊ ＊ ＊

阿伦的幼儿园老师在一家快餐店和他的家长进行了会面。当他们问阿伦在班里的情况时，老师回答道："阿伦表现可以，还可以！"由于老师这样随意地回答，家长感觉很好。但是实际上，阿伦经常在集体活动时打扰别人。老师打算在下一次家长会时再向阿伦的家长提及这些情况。

这位教师的做法有什么违反道德规范之处呢？她对阿伦的家长没有做到完全的诚实，给了他们并不准确的反馈。这样一来，下一次他们再因阿伦在班级中的行为而进行交流时，就会出现一些问题。

一种不同的方法

教师应当为非正式的沟通做好准备。教师在和家长沟通时当然要避免在公共场合进行过于拖沓冗长的交流，但是必须在任何情境中都以符合道德规范的方式进行沟通，包括在一些预料之外的场景中。他们应当采取更诚实、符合道德规范的做法。

父亲问："我家孩子表现如何？"老师回答道："他很喜欢数数，喜欢橡皮泥，这些我从前跟您说过。另外，他还对动物非常友好。我们最近在组织孩子们进行集体活动，帮助阿伦在集体活动中能够倾听。"

听了之后，阿伦的父亲笑道："哦，你肯定发现阿伦的话很多！我们在家吃晚饭的时候他就说个没完。在这方面，你可以帮帮我们。"听了父亲的话，教师感到惊喜，因为她的诚实为她打开了一扇门，让她可以和家长一起解决所遇到的问题。

接下来，我们重点阐述，教师在观察的过程中表现出对儿童的尊重的具体策略。

保护儿童的隐私

健康的家校沟通系统会通过恪守一定的行为界限来表示相互尊重（Marion，2003；Minuchin，1974）。在观察的过程中，教师遵从一定的界限，保护家庭和儿童的隐私，遵守观察记录的保密性原则。这里有一些关于保护家庭和儿童隐私的实际建议（见表2.1）。

表2.1 保护隐私，符合道德规范的观察

※ 知道哪些人可以看观察结果，哪些人不能看
※ 保护观察记录和最终的报告
　写记录时妥善保管
　完成一个时段的观察后，不让外人接触观察记录
※ 把每一份观察报告视为保密文件
　只有在正式分析观察记录的时候才谈论它们
　不主动和未经许可接触这些信息的人谈论你的观察记录
　有人询问你的观察记录时，礼貌但坚决地予以拒绝
※ 在收集儿童的信息后不给他们贴标签

可以阅读观察记录或报告的人：

- 完成观察作业的早期教育专业学生
- 实施观察的班级教师
- 合作进行观察的学生，可以互相阅读观察记录
- 实施观察的教师
- 校长或主任
- 与被观察的儿童有直接关联的其他教师
- 家长，也可以阅读儿童的永久性成长档案袋中的观察记录

所有阅读或讨论观察记录的人都负有对其保密的职业责任和道德责任。

不可以阅读观察记录或报告的人（Almy & Genishi，1979）：

- 其他学生
- 不教观察记录这门课程的教授
- 不教所涉及的儿童的其他教师，除非家长给出了明确的书面同意
- 观察者的朋友、熟人，或家人

保护观察记录

你所持有的有关家庭或儿童的信息是保密的，你写下或口述的儿童记录是保密的，儿童从以前的学校或班级中带来的记录也是保密的。因此，只有被授权许可的人才能阅读或讨论儿童的观察记录或最终报告。你希望医生或心理医生怎样对待你的病历，就应该怎样对待你的观察记录（Cohen, Stern, & Balaban, 1996）。

用如下办法维护观察记录的保密性

首先，在观察时，你的记录只能自己看。以专业的态度对待记录，在记录时将其置于个人隐私范围，当他人要求看的时候予以礼貌的拒绝。

其次，在完成一段观察后，注意保护观察记录不易被别人看到。永远不要随意放置。学生可以很容易做到，比如把观察记录和其他课程材料分开放置，把观察记录本或文件夹放到安全的地方。教师可以把观察记录放到一个安全的地方，比如锁起来的抽屉或文件柜里。使用计算机进行记录的人应当用密码保护文件，不要把密码告诉其他人，也永远不要把观察记录作为附件发送。基本底线是，不要让未经许可的人获取你的儿童观察记录。

只在正式分析时谈论观察记录

专业人员使用观察记录来帮助自己理解儿童的发展，或规划课程，指导儿童或做出有关纪律约束的决定。只有在这些情况下，你才能讨论观察记录，从而保证其保密性。

（婴儿班级）一位婴儿教师可以和助理教师讨论某个婴儿吃饭时遇到的困难，以便帮助其解决问题。

* * *

（学步儿班级）一位学步儿教师可以和助理教师或园长讨论某个孩子咬人的问题，以便帮助他改善这个问题。

* * *

（小学低年级班级）一位一年级教师可以在和儿童的父母会面时讨论课程内容，但教师所谈论的只能是这些父母自己的孩子，而不是其他儿童。但当教师和其他教师或校长讨论课程计划时，他们就可以谈论班上的所有儿童。如果要评估某个儿童对特殊教育服务的需求（CEC，1999），教师就可以将这个儿童的信息和参与评估的其他专业人员分享。

在谈论观察记录时学会说"不"

不要和未经许可的人主动谈论你的观察记录。当儿童说的话或者做的事情特别有趣的时候，要做到这一点可能很难。你可能想和别人说自己班上的孩子多么可爱或好玩，即使他们的举动可能伤害他人。你需要遏制这种冲动，维护保密性。

当你和他人交流你的工作时，就一些大体情况进行泛泛的交流是可以的。但是，不可以谈论一些特定儿童或家庭的情况。例如，你可以说这样的事情："我很喜欢孩子们在活动中表现出来的语言发展。今天，我在班上写了一首诗，孩子们都很喜欢这个活动。"另一个例子是："我班上的孩子们真的都特别积极！每个人都满地爬啊，走啊。"
- 📖 礼貌但坚决地拒绝回答有关观察的问题。假设有人问你："你班上那个叫史密斯的小孩怎么样了？我听说他的父母对他不太好，是真的吗？他怎么样了？"

如果询问者是一个未经许可的人，你就必须承担起为信息保密的责任。你可以用和善的口吻回应："我不是要冒犯你，但是我必须告诉你，这些信息是保密的，我不能和你谈论这个孩子。"如果这个人还是要问，你就依然礼貌且坚决地说："你肯定理解，我有保护孩子隐私的职责，不能和你探讨他们的情况。"然后，迅速地转移话题或转向其他活动。如果这个人还继续问，你就予以忽略。

收集信息后不要给儿童贴标签

在解读观察结果时，要显示出对儿童的尊重并保护隐私。不要匆忙、武断地下结论。在给他们的行为贴标签前要三思，用建设性、审慎的方式进行讨论。

（婴儿班级）不要说："萨米真是个难缠的孩子。""难缠"是一个负面的标签。相反，你可以采用其他方式："萨米因为生乳牙感到不舒服，他哭得比平时多，但是良好的抚慰技巧很管用。"

* * *

（幼儿园班级）不要说："内莉很自私，我观察到好几次她抢别人的东西。""自私"显然是一个不公正的标签。相反，你可以说："我们继续帮助内莉学习理解他人的感受。在此方面，她在缓慢但稳定地进步着。"

* * *

（小学低年级班级）不要说："戴维的数学不太好。""不太好"很模糊，也是一个毫无意义的标签，它可能永久地贴在孩子的身上，造成持久的伤害。相反，可以说："今天戴维学习那个数学概念后看起来很高兴，这个概念困扰了他很久,我想他开始理解了!"

制定并与教师沟通有关保密的规则

全美幼儿教育协会的《道德行为准则》(1989,1997)的原则 2.8 如下:

我们应制定关于保护儿童的言行记录的书面规则。这些规则应当面向所有员工和幼儿家庭,为其所知。

特殊儿童理事会(The Council for Exceptional Children,CEC)在其《道德规范和行为准则》(Code of Ethics and Standards of Practice,1997)中也做出了同样的规定。

与每一位教师交流他们为观察记录保密的职业责任和道德责任。为你的学校制定一份书面规则,将其放到学校操作手册中。表 2.2 所列的内容可以帮助你更好地沟通这些规则。

表 2.2 检核表:观察的保密性规则

条目	反思:评论和行动计划
□ 对已有观察记录进行保密的书面规则 □ 将有关保密的规则写进学校操作手册 □ 将保密规则写在可以发放的材料或学校的网页上 □ 把保密规则复印给学校的每个人,包括: 　□ 教师 　□ 校长/主任 　□ 家长 　□ 志愿者	(在此空白处写下你的想法或为达成各项要求的行动计划)

（续表）

条目	反思：评论和行动计划
□ 在学校中实习或访问的大学生 □ 厨师 □ 监护人 □ 校车司机 □ 其他人 □ 在新教师培训会上为大家介绍保密规则 □ 定期浏览、回顾保密规则 □ 教师正式地讨论保密规则 □ 向家长告知这些保密规则	

避免三角关系

全美幼儿教育协会的《道德行为准则》(1989，1997)的原则 2.10 如下：

当家庭成员的观点存在冲突时，我们应公开地分享自己对儿童的观察结果，帮助持有不同观点的人做出明智的决定，避免只站在其中一方的立场上。

这一原则建议早期教育教师不要参与家庭关系专家所言的"三角关系"中，也就是，如果 A 想把 B 带入 A 和 C 之间的冲突，那么 B 被带入这一三角关系后就会面临风险。三角关系只会导致"一方与另一方相对立"的局面，令人不快也毫无意义，是非专业的。

你班上的布伦达的父母离婚了。布伦达一周有几天时间和妈妈在一起，另外几天和爸爸在一起。她的爸爸开始问你这样的问题（可能把你拉入三角关系），如"孩子在跟妈妈住的时候，每天早上吃不吃早饭"。

全美幼儿教育协会建议我们避免进入这样的三角关系中——不要基于所观察到的信息为儿童父母双方站队。在上面的例子中，你可以用友善而坚定的口吻说："布伦达每天都很喜欢吃早饭，不管是跟妈妈一起住还是跟你一起住都是如此。你如果担心她吃早饭的事情，可以询问她的妈妈。"当你遇到此类问题时，可以咨询校长或主任。

知道何时应提供保密性信息

一方面，教师应该为儿童的信息保密。另一方面，教师也要采取行动保护儿童的安全，确保他们得到适宜的教育（CEC，1997；NAEYC，1989，1997；Turnbull & Turnbull，1997）。这看起来有些冲突，实际上并非如此。作为专业人员，我们在下述情况中需要提供保密性信息。

儿童遭到虐待和忽视

教师如果从儿童的身体或行为中观察到他们遭到虐待或忽视的现象（Tower，1999），就必须将其报告给负责相关事宜的部门。教师负有法定责任，也就是说，法律规定教师必须报告儿童受到虐待或忽视的情况（NAEYC，1989，1997）[1]。教师不必调查是否真的发生了虐待，但是一旦产生了怀疑，就必须予以报告。对于应报告而未报告的人，各州通常会有法律部门予以惩罚。接到教师报告的机构将对是否真实存在儿童虐待事件进行调查，并有权介入。

特殊教育

0—21岁的人都有权接受适宜的教育。《残疾儿童教育法案》（The Individuals with Disabilities Education Act，IDEA，CEC，1999）对有特殊

---

[1] 美国所有的州都制定了"儿童虐待法"。例如，在威斯康星州《儿童法典》（Children's Code）的第48章是有关儿童虐待的法律，48.981条就涉及此项规定。与此类似，每个州的法律一般都有相关的规定，要求教师必须报告儿童受到虐待的事件。

需要儿童的教育要求做出了规定，它指出学校有义务为儿童进行评估或再评估以确定其是否需要特殊教育。为儿童实施评估的团队要为其家庭书写一份教育或服务方案（CEC，1999；Turnbull & Turnbull，1997）。书写这样的方案是各方面的专业人员和儿童家长进行合作的很好机会，这种合作最终将造福于儿童。

个别化家庭服务计划

这种为0—3岁儿童做的计划被称为"个别化家庭服务计划"（Individualized Family Service Plan，IFSP）。该计划聚焦于婴幼儿所需要的早期干预需求，以及如何提高其家庭满足这些需求的能力。法律对该计划的内容进行了规定。儿童被初次转介到早期干预机构之后的45天内，参与者必须召开首次会议讨论个别化家庭服务计划的制订，之后每年至少要召开一次会议回顾该计划。法律规定，参会者应包括（Turnbull & Turnbull，1997）：

- 儿童的父母
- 在可行的情况下，父母要求参加的其他家庭成员
- 直接参与评估儿童或家庭的专业人员
- 将为儿童或家庭提供服务的人（比如，照料者或教师）

个别化教育计划

这是为3—21岁的人所制订的计划，内容聚焦于他们所需的教育需求。法律规定了该计划应包括的内容，例如，为他们制订年度计划和各个领域的短期教学目标以及为其提供的特殊教育服务的开始日期和持续时间。法律还规定地方教育部门为有特殊教育或特殊服务需求的儿童制订个别化教育计划（Individualized Education Program，IEP），无论该儿童就读于公立学校还是私立学校。与个别化家庭服务计划类似，个别化教

育计划的制订也要相关人员参加会议：

- 家长
- 教师
- 在适宜的情况下，儿童本人也可以参与
- 学校代表，有资格监督或提供特殊教育的人
- 学校或家长要求参加的其他人

所以，在保证有特殊需要的儿童得到所需的帮助和教育方面，教师承担着重要的角色，无论这些儿童是否被归为特殊教育的对象。婴幼儿班级的教师，以及小学的普通教师，都可以通过观察增进自己对有特殊需要的儿童的了解。教师们既有道德上的义务，也有法律上的责任帮助儿童得到他们所需要的服务（CEC，1999）。

例如，教师可以通过观察发现儿童存在的发育迟缓问题、可能需要的相关服务，或是注意力缺陷等其他状况。教师负有法律上的义务分享此类的观察结果。特殊儿童理事会的《道德规范和行为准则》（CEC，1997）在其教学责任一章中，要求教师在特定的时间提供相关的信息。

简单来说，教师在特定的情况下必须向一定的人或机构传达其观察结果，这不仅是道德上的责任，也是法律的要求。

观察的过程

观察是一个积极主动的过程

所有的观察都是积极主动的。首先，即便观察者只是坐在教室的角落或通道里，他的观察也是积极主动的。观察者必须关注其所观察的行为，将注意力放在观察的目标上，聚焦于观察到的互动过程。

其次，因为观察者是带着自己的观念和价值观进行观察的，因此也可以说他是积极主动的。带着同理心和敏感性观察的时候，教师应承认自己的个人既往经验很容易会影响他们的观察以及对观察的解读（NAEYC，1989，1997）。实施观察的教师也应当尽力理解儿童的背景，并努力避免对儿童做出不公正的评判。

（幼儿园班级）幼儿园教师瓦尔加斯女士观察到奥利弗经常说脏话。这位教师自小生活的家庭环境是禁止说脏话的，凡是说脏话的人都会遭到惩罚。她在观察的时候是带着自身的这种生活背景的，同时她也理解，奥利弗的父母就是这样说话，且允许奥利弗说脏话，甚至在他说的时候还笑。这位教师意识到，成长经历会让自己看待奥利弗的行为和语言时带有个人色彩。她努力记住奥利弗的成长环境，尽量不将自己的感受投射到他的身上，因为她知道这会损害自己的观察的有效性。

最后，观察过程是积极主动的，因为有技巧的观察者就像科学家一样（见图 2.1）。

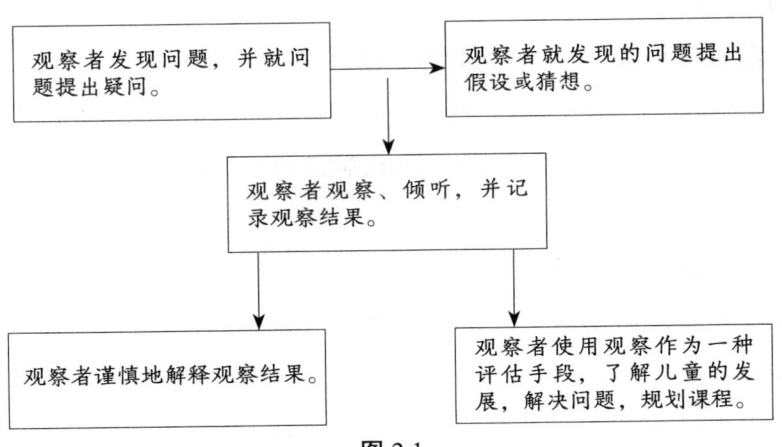

图 2.1

观察者发现并提出问题

例如，汉娜的老师（本章开篇案例）疑惑的是："汉娜怎么了？她昨天对着雷切尔叫嚷，今天还打了她。"

观察者就发现的问题提出假设或猜想

汉娜的老师提出了假设："汉娜以前从来没有打过人，只有雷切尔。看起来是这两个小朋友之间发生了什么事情。"

观察者进行观察并倾听

他们收集信息，进行观察。汉娜的老师观察雷切尔和汉娜在一起游戏或相互靠近时的情况，这种观察持续了多天，涵盖了教室和操场的多个区域。

观察者记录观察结果

他们采用多种方法收集信息。汉娜的老师进行了一系列简短的记录，即轶事记录（见第 3 章）。

观察者解释观察结果

他们如果认为自己收集到了正确的信息，就会基于自己最初提出的问题或假设找到结论。

观察者将观察作为一种评估手段

教师可以通过观察了解儿童的发展，解决问题，规划课程。比如，汉娜的老师基于观察决定了对雷切尔和汉娜的指导计划（Marion，2003）。

有用的观察是系统化的

一般的印象与系统化的观察是不同的

有些教师喜欢基于自己的感觉或一般印象来确定指导策略和规划课程，不喜欢系统地采集信息。然而，这种印象对于评估儿童或生成课程通常是无用的，它们缺乏坚实的观察信息作为支撑。

一位三年级教师跟另一位教师说："我班上有两个孩子特别聪明，我觉得他们是我教过的孩子中最聪明的了。"可是这位三年级教师从未对这两个孩子的能力进行记录，而只是基于自己的一般印象做出上述判断。对学校中负责超常儿童教育的专家来说，她的这些一般印象毫无用处。

当教师系统地收集和记录信息时，早期教育教室中的观察是最有用的（Bergen，1997；Weisz，Chaiyasit，Weiss，Eastman，& Jackson，1995）。进行系统的观察的教师更有可能注意到儿童的不同行为，较少可能对儿童的行为有固定的看法。

汉娜的老师就是这样做的典范。他仔细且系统地观察和关注学步儿（汉娜）的愤怒和攻击性行为（打）。此外，通过仔细的观察，他发现雷切尔也咄咄逼人（捏汉娜并拿走东西），但是以一种更平静的方式。他也观察到，汉娜对班级里的小动物很友善，并开始用词汇表达愤怒。他还观察到，雷切尔不知道如何要自己想要的东西，包括尝试与他人接触。

霍尼格和汤普森（Honig & Thompson，1993）考察了学步儿（23—33个月大）是如何发起和同伴的社会互动的。这两位研究者发现，大多数学步儿发起的互动都是不成功的，而教师只在15%的情况下提供帮助。因此，汉娜的老师对汉娜和雷切尔的系统化观察是很有必要的，这帮助他发现了，雷切尔很难接近汉娜。

系统的观察需要有计划

制订观察计划，需要对一些具体的事项做出决定，包括观察的目的、观察的方法、观察者扮演的角色、记录的工具，以及何时观察、多久观察一次、观察多长时间。

📖 决定观察的目的。制订系统的观察计划的第一步也是最为重要的一步是，明确观察的目的。例如，你是想记录婴儿的动作发展水平吗？了解学步儿的语言发展吗？看幼儿如何表达愤怒情绪吗？还是要考察班上的儿童通常玩什么样的游戏？或是记录一年级或二年级学生在数学或阅读方面的进步？这些决定都会影响观察计划中的方方面面。这就像一段旅程：清楚地知道你的目的地，可以帮助你决定如何到达那里。明确观察的目的，可以帮助你决定如何最好地进行观察。

（婴儿班级）教师想观察每个婴儿的粗大动作发展水平。

* * *

（幼儿园班级）教师的观察聚焦于幼儿的情绪发展，尤其是对愤怒的控制。

📖 对要观察的内容做出操作化定义（operational definitions）（Bergen, 1997）。清楚地界定所要观察的行为，能够让观察者在观察过程中不偏离最初的目的。

（婴儿班级）教师特别感兴趣的是记录每个婴儿是如何从一个地方移动到另一个地方的，是爬行、快走、扶着东西支撑着走，还是在没有辅助的情况下走。

* * *

（幼儿园班级）愤怒管理作为一个观察主题仍然太宽泛了。教师将其细化聚焦到观察儿童在表达愤怒时采用的几个特定词语。她也想知道，哪些儿童是用语言表达愤怒的，而不是通过打其他小朋友。

📖 决定观察的方法。选择一种能帮助你达成观察目的的方法。两类主要的观察方式分别是叙事性观察和非叙事性观察（Wright, 1960）。每一类都包括一些具体的方法。表 2.3 和表 2.4 提炼了每种方法的主要特点，第 3、4、5 章将对它们进行深入的讨论。

表 2.3　叙事性观察

※ 讲述一个故事（描述儿童的行为）

※ 聚焦于较长且连续发生的事件；观察者记录的是原始信息

※ 观察者提供足够的细节让阅读者获得清晰的画面

几种叙事性观察方法

持续性记录

※ 对一个事件的长时间记录（从 20 分钟到 1 小时）

※ 包含很多细节的原始信息

※ 在行为发生时将其记录下来，并保持事件发生的原本顺序

※ 同时记录事件发生的背景信息

※ 常常被用于大学课堂，进而了解儿童的发展

※ 所用的时间较短，这对班级中的教师来说很实用

轶事记录

※ 对一个事件的简短描述

※ 记录原始信息，但更少地记录细节

※ 可以在事件发生的同时或之后进行记录

※ 是一种灵活的方法，教师几乎可以用这种方法记录任何事情

※ 用以记录偶尔发生的事件片段，也就是说，观察者并不是进行持续的记录

※ 对于早期教育教师非常有用

表 2.4　非叙事性观察

※ 取样或对行为的评定；不是讲述一个故事（不用描述）

※ 观察者通常勾选选项或是选择一个评定水平

※ 聚焦于行为的一小部分

※ 易于学习、使用

几种非叙事性观察方法

检核表

※ 对发展或行为的一些方面进行取样；不是讲述一个完整的故事

※ 列出行为或发展的某些方面；观察者基于儿童表现出的行为进行选择

※ 提供的细节信息很少；不要求观察者描述背景信息；不涉及行为发生的原因

※ 易于使用

※ 与轶事记录或持续性记录相结合使用时更有效

评定量表

※ 对发展或行为的一些方面进行取样；对儿童在某个领域的表现进行评定

※ 在评定之前先进行一些观察

※ 不需要很多的训练即可使用

※ 让教师进行评定但是不要求教师提供支撑这些评定的信息，可能会导致问题

婴儿班级的教师决定采用检核表（一种非叙事性的观察方法）评价婴儿的动作发展水平。幼儿园班级的教师对儿童愤怒管理的评价则采用了轶事记录（一种叙事性观察方法）。

  📖 决定观察者的角色。观察者可以扮演参与式观察者或非参与式观察者两种角色（Bergen，1997）。它们的不同点在于观察者是否与被观察的儿童互动。

非参与式观察者不介入观察对象的活动。他们安静地坐着，观察并记录，不与儿童互动。观察者坐在教室的角落里，或是坐在不打扰儿童活动的地点，或是在操场上。儿童偶尔会发起与观察者的互动，比如询问："你在做什么？"观察者应当礼貌地回答问题，可以说："我在写一些东西，是关于儿童如何游戏的。"然后继续观察。

有时候，班级中的教师或实习教师进行非参与式的观察是比较困难的，因为他们需要处理很多跟孩子们有关的事情。如果想在观察时不和儿童互动，也就是进行非参与式观察，可能需要有其他人在班级里协助才能进行。

在自己的班级中"只是安静地观察"，能让教师们受益匪浅。平静、从容的观察，变得像"壁纸"一样的存在，短时间内不介入班级的任何活动，可以让教师对班级和孩子们有很多新的了解。如果教师总是有和孩子互动的冲动，或者喜欢满怀激情地组织一个又一个活动，那么进行非参与式的观察可能是困难的。

参与式观察者是在与被观察的孩子互动的过程中进行观察的。汉娜的老师就是采取了这种方式，这可能是最为自然的一种方式。他为观察做了简单的准备——拿了一支笔、在教室的几个地方放了观察记录表、想了简单的办法保存观察记录。他还想到，如果不是在组织小组活动或是跟家长沟通时进行记录，就会更加容易。

📖 **决定如何记录。** 记录能够提高观察的有效性，是进行系统化观察的重要一步。观察者要选择记录的工具，而选择什么样的工具取决于观察的目的、手头有哪些工具，以及观察者的喜好。我们观察的目的是尽可能简单地获得观察信息，有一些观察工具可供选择。

纸笔。这是几十年来在儿童发展课堂上一直采用的工具。教师们发现，它是一种简单、经济、可靠的工具。

照片。图片胜过千言万语。比如，一些教师用照片记录儿童拼搭的积木作品，记录儿童和他人一起的游戏，或是艺术活动。教师可能把照片和文字描写结合起来。数码相机让拍照变得很容易，把电子照片放进观察报告中也很方便。

儿童的作品（Gullo，1997）。在早期教育教室中，儿童在游戏和工作时会进行创作，包括书写作品、绘画、可移动的玩具、用积木或沙土搭建的作品等。教师可以基于这些作品评价儿童的发展和学习。比如，小学低年级教师可以在一年中持续地收集每个儿童的书写作品，记录他们书写能力的发展变化。

儿童的很多作品无法保存太长时间，比如用积木、沙土搭建的作品，或在沙子、黑板上的书写和绘画等。教师想要记录这些作品，就需要采用画画、照相或者文字描述的办法。

录像。这种技术很有用，因为便于教师观看和分析（Bergen，1997）。但是高质量的录制设备的购买、安装和维护都很昂贵，教师需要接受培训，儿童也要习惯于班级中录像设备的存在。

录音。高质量的录音设备对于记录不同类型的信息是有用的，比如语言片段等（Bergen，1997）。在录音的同时，教师还需要记录事件发生的场景。

计算机。笔记本电脑越来越普及，它们对懂得用计算机的人来说是一种非常好用的工具。如今，很多早期教育专业的学生直接把观察记录写进计算机。教师们在进行参与式观察时，可以建立一个安全文档，然后在当天的其他时间进行记录。对一些教师和早期教育专业的学生来说，笔记本电脑已经取代了记录卡片和文件夹。

多种工具的组合。有时候，你可能会发现，把多种不同的工具结合起来使用会更好。比如，文字记录（用纸笔或计算机）和照片可以结合。也可以考虑把婴幼儿的视频和检核表（用纸笔或计算机）相结合来记录儿童粗大动作的发展。结合使用儿童的作品和轶事记录或评定量表也是一种方式。把不同工具相结合，可以让观察更有效。

📖 决定多久进行一次观察，观察多长时间，何时进行观察。无论是参与式观察还是非参与式观察，采用的方法是什么，我们观察的目的都是在课程的各个领域中更好地了解儿童的发展和进步情况。所以，我们需要在一定的情境中清晰、准确地记录儿童的表现（Almy & Genishi, 1979；Bergen, 1997）。单独的一次观察，甚至一系列的多次观察所提供的信息都可能不够准确，无法很好地描绘儿童的发展和进步情况，从而使我们得到的结论不准确，通常也是不公正的。

在一年级班级中，一位家长志愿者听着孩子们在小组活动中大声地阅读故事片段。她注意到詹姆斯的阅读不流利，并过早地断定詹姆斯在口语阅读方面有困难。教师很明智地建议家长在詹姆斯独自阅读的时候再多观察他几次，并且用录音机记录。这位家长果真在后来詹姆斯独自阅读的时候录下了他很好的阅读表现。于是，她得出了截然不同的结论。她意识到，詹姆斯在其他小朋友面前阅读的时候可能只是感到害羞，其实他的阅读能力并不弱。

帮助你建构观察知识和技能的活动

活动 1

找到你所在州有关虐待和忽视儿童的法律。你可以在公共图书馆、大学图书馆、本地民政部门或是网络上查找。浏览该法律,找到有关教师必须上报相关事项的规定,并复印下来。把复印的材料放到观察笔记本的相应位置。

活动 2

考察一所学校或一个学区的规定或操作手册。找到有关保护儿童记录保密性的内容,选出你认为好的内容,并说一说应该如何改进。

活动 3

和班上其他同学一起,从维护保密性的做法中选择一到两个你认为值得强调的方面,并为某所学校制作一张友善、宜人的海报。请校长或主任评价你们制作的海报,然后在征得同学同意的情况下张贴海报。

第二部分
早期教育中观察与记录儿童发展和进步的方法

第一部分描述了观察的力量、道德规范与过程。第二部分将为你呈现有助于观察的实用建议。你将学习几种主要的观察方法,掌握具体、详细和可用的相关信息,以及合理的理论基础。

第 3 章　**轶事记录:一种简短的叙事性观察方法**。轶事记录是早期教育教师最喜欢的观察方法,原因很简单。它是一种相当有效的策略,而且撰写好的、有用的轶事记录相对容易。作为忙碌的教师,你会希望在班级中简短地记录重要的事情。轶事记录是简短的记录。当看到有趣的事情时,你可以详细地记录它的必要细节,从而形成这一事情的"快照"。你将很快发现将轶事记录用于观察儿童发展和进步的价值。

第 4 章　**持续性记录:一种较长的叙事性观察方法**。轶事记录像短故事,而持续性记录是较长的故事或事件。偶尔,你会需要以比轶事记录更详细的方式记录一件事情,由此发现持续性记录是一个不错的选择。本章阐明了持续性记录关于观察内容的选择,并要求观察者从外围进行观察。你将发现,在对儿童的发展和进步进行真实性评价时,持续性记录非常有用。当你记录信息时,你将获得客观地记录某个儿童或活动的技能，也将学会如何反思收集到的数据。

第 5 章　检核表和评定量表：观察儿童发展和进步的非叙事性观察方法。这两种方法是"捷径"，因为他们绕过了轶事记录或持续性记录中的细节。你不会用检核表或评定量表叙述故事，而是采用非叙事性方法。当你需要迅速地收集某些信息时，你将发现检核表和评定量表都是非常有用且受欢迎的方法。你也将了解不同类型的检核表和评定量表，以及如何编制它们。因为检核表和评定量表没有太多的细节，本章描述了改进它们的实用方法。

第 6 章　记录与报告儿童的发展和进步：作品样本、观察报告和成长档案袋。前三章阐明了观察儿童发展和进步的主要方法。本章聚焦于帮助你理解记录和报告观察内容的双重过程。记录提供了证据；而报告儿童的发展和进步，与观察和记录一样，非常重要。本章呈现了记录和报告儿童发展和进步的几种不同方式：儿童的作品样本、记录展示，以及观察报告。本章也将档案袋作为一种记录和报告的方式，你将学习在班级中运用儿童成长档案袋。

第 3 章　轶事记录：一种简短的叙事性观察方法

本章目标

1. 总结轶事记录的优点和缺点。
2. 列出并解释撰写轶事记录的指导原则。
3. 解释为什么要有重点地撰写轶事记录。

轶事记录

瓦尔加斯女士和助理教师林登女士正在为明天的活动整理教室。她们利用这段时间反思今天的活动，评估课程实施的有效性。瓦尔加斯女士大量地采用非正式的评价方法，和助手或者实习教师进行交流。她相信，班级中教师之间的合作有助于为儿童生成适宜的课程。

瓦尔加斯女士："你觉得，今天你跟内莉的谈话怎么样？"

林登女士："挺好的。我觉得她应该把小船还给拉尔夫。她从拉尔夫那里把船拿走，连说都没说一声。拉尔夫生气了，内莉还觉得很惊讶。"

瓦尔加斯女士："我赞同，她应该把小船还回去，你说了以后她照做了。上周，我也看到她没打招呼就拿了别人的东西。不过很奇怪，有时候内莉对别人也是很慷慨的。"

林登女士："我知道。今天她就把自己的苹果切成两半分给了金。她真是个谜啊，有时候又显得很自私，随便拿想要的东西。你觉得，我们该怎么办呢？"

瓦尔加斯女士："我们如果多了解一下她的分享和不分享行为，就会更好。再观察一下？我想，可以先从观察开始。"

这两位教师面临的是所有早期教育教师都会面临的挑战，不管他们的学生是婴儿、学步儿还是幼儿园或小学低年级的孩子。他们需要收集关于孩子的信息，理解他们的需求和能力。只有得到了充分的正确信息，她们才能帮助内莉。她们准备通过观察，而不是猜测来获取这些必要的信息，并决定采用一种在观察幼儿时最主要的方法——轶事记录。

描述

轶事记录（见表 3.1）是一种开放、描述性、简短的观察形式，也是教师喜欢的一种方法。这种观察方法易于学习，是最有效率的方法之一。

教师在班级里看到一个有意思的事件，把它写下来，就形成了一份记录或称轶事记录。轶事记录就像对儿童在班级中表现出来的发展或某项能力的"快照"一样。

表 3.1

开放	叙事性	简短
教师可以用它观察任何发展领域或课程的任何方面	它讲述了一个故事	书写迅速，与连续记录相比，提供的细节较少

轶事记录来源于教师的直接观察。为了进行轶事记录，教师要认真、有目的地对某个特定事件进行观察，然后将其加以记录。撰写轶事记录是教师必须掌握和练习的一项专业技能。

轶事记录是开放的

观察者可以自由地看各种活动或互动，或是儿童发展的任何方面。尽管瓦尔加斯女士也用其他观察方法，但是她和学校里的很多教师都喜欢这种观察方法。她多次采用这种方法对班上儿童的各方面发展和互动进行记录，这里有几个例子。

瓦尔加斯女士在最近几个月对皮特与其他儿童互动的能力发展进行了观察；她教一位助理教师如何观察拉尔夫在游戏或工作时间参与的活动；她决定采用轶事记录的方法记录金说脏话时的情况；她对莫希在集体活动中遵守纪律不打扰别人的时候也进行了轶事记录。

轶事记录是叙事性的

一篇轶事记录就是一个故事。当教师用轶事记录描述儿童某个方面的发展时，他实际上是在写一个短小的故事，讲述的是这个儿童发生的一个或一系列的事情。

举例来说，当一个孩子说脏话，或是分享，或是在集体活动中打扰他人时，教师将其记录并保存下来，这些记录会保留足够的细节，让他重读时能够被带回当时的场景中。就像其他的故事一样，教师在未来的某个时刻可以重拾这些细节，脑中浮现出生动的画面，并加以思考和分析。[1]

轶事记录是对事件的简短记录

轶事记录要包含一些细节，但是并不像持续性记录那样提供十分详尽的细节。在写轶事记录时，不要包含虽然有趣但是和主旨无关的细节。

瓦尔加斯女士决定简短地记录金说脏话的时间和地点。比如，大组活动或小组活动，玩游戏的时候或工作的时候，或是在户外，和特定的同伴在一起还是感到受挫或生气的时候？每次观察和记录都只用1~1.5分钟。她在记录中保留了能让她回忆起当时场景的关键信息，同时留下原始信息但是不必过细，这些足以让她回忆起金说脏话时的场景。

在事先计划或随机的观察中进行轶事记录

轶事记录的一个优点在于，教师既可以在事先计划的观察中，也可以在随机进行的观察中采用它。

事先计划的轶事记录

有时，教师在观察特定的事情前要提早计划。

（婴儿班级）教师采用轶事记录来记录婴儿在镜子前认出自己的场景。

* * *

（学步儿班级）实习教师对于每个学步儿吃饭时的进食情况进行轶事

---

[1] 事件取样（叙事性）是一种观察方法，可以采用轶事记录的方式予以记录。在采用事件取样时，观察者选择一个事件，或是某个行为类别，比如亲社会行为，然后列出该类行为的示例——分享、帮助他人、合作、表达同理心。观察者对看到的这些行为进行记录，以充分的细节加以描述，从而呈现准确的内容。在适当的时候，观察者可以对看到的行为进行解读。

记录。

* * *

（小学二年级班级）在一个二年级的双语班级里（Fournier, Lansdowne, Pastenes, Steen, & Hudelson, 1992），教师通过观察，简短地记录了儿童在阅读时遇到的问题。他们还记录了儿童遇到不懂的单词后做了什么（例如，看插图、重新读一遍、跳过这个单词、用别的单词代替、含糊地读过去）。

随机观察的轶事记录

在其他时候，教师可以观察计划之外的随机事件，这些事件也能很好地展示儿童或课程的侧面。

（婴儿/学步儿班级）教师很高兴地见证了乔西迈出的第一步，对此进行了快速的记录，形成了一份轶事记录。她甚至记录了乔西第一步的日期、小时和分钟，可以将这些信息分享给乔西的爸爸妈妈，她们把这份记录放进镜框保存了下来。

* * *

（小学一年级班级）教师在观察助理教师组织小组活动。这位助理教师给了儿童每人一块饼干。然后，他把自己手上的饼干掰成了三块，接下来问托德："谁的饼干多，我还是你？"托德回答道："我们的饼干一样多。你不过是把你的饼干掰成了三块而已。"教师很快将这一事件写进了轶事记录，它是教师捕捉到的第一个能够表明托德掌握了守恒概念的事件。

撰写轶事记录的指导原则

下文中的表3.2呈现了以下指导原则（Bergen, 1997），你可以用这些指导原则分析轶事记录。

表 3.2　检核表：撰写轶事记录的指导原则

使用本表，分析轶事记录。选择适宜的选项，并写下你的分析。			
	达到	未达到	评论
1. 做好观察计划	____	____	____
2. 在事件发生后尽快进行记录	____	____	____
3. 描述事件发生的情境	____	____	____
4. 在记录表一旁记下事件的细节	____	____	____
5. 对交谈的原话用引号标注，重述的话则不用引号	____	____	____
6. 记录其他人是如何对说话者的语言或行为做出反应的	____	____	____
7. 以适当的顺序记录：事件发生的背景、行为过程、怎样结束	____	____	____
8. 完整、客观、准确地记录	____	____	____
9. 小心谨慎地解读（为解读加上括号；很多是写在表格中专门的地方）	____	____	____

指导原则 1：为轶事记录制订计划

能充分发挥轶事记录价值的教师，不会用太多的时间进行计划，决定如何收集信息。计划的内容包括：

- 观察什么
- 多久观察一次
- 何时观察，即在一天中的什么时候观察
- 在哪里观察

决定观察什么。写好轶事记录，很重要的一点是事先界定好所要观察的一系列行为。观察一系列行为，而不是只观察某个单独的行为，这可以让教师更为全面地描述儿童的表现，从而避免造成误解、偏见。例如，伯根（Bergen，1997）注意到，教师如果观察一系列社会性行为，而非仅观察负面的、有伤害性的行为，就可以全面地看到儿童在社交技能发展上的表现。下面是内莉的老师为观察她的行为所做的计划。

瓦尔加斯女士和助理教师的观察计划："我们会对内莉进行轶事记录，关注两件事情：

1. 我们想记录内莉和其他小朋友分享物品的事例。
2. 我们也想观察和记录内莉把物品从别的小朋友那里拿走，看她是否会事先征求其他小朋友的同意。"

这种形式的记录并不详细，很多情况下是相对简短的。基本目的是让教师清楚地思考自己所要观察的行为的性质，进而了解如何帮助所观察的孩子。这要求早期教育工作者事先对幼儿的表现进行非正式的观察，在有了初步的想法之后，提出想要解决的问题。例如，瓦尔加斯女士和助理教师事先观察到内莉偶尔会表现出慷慨，但也会抢别人的东西。

决定多久观察一次（Almy & Genishi，1979）。例如，瓦尔加斯女士决定每周对内莉至少进行三次观察和轶事记录。其他教师则可能需要不同的时间表进行观察。比如同一所学校的混龄班教师内利斯先生，他会在设定某个情境后收集有关托德对守恒的理解情况的案例或轶事。

决定何时何地观察。教师们经常但并不总是决定观察的时间或时间段。瓦尔加斯女士决定在孩子们自选活动期间对内莉进行观察。两位教师的想法是，在这个时段，内莉分享或是抢夺物品的行为发生得最多。

教师们通常决定观察的地点。瓦尔加斯女士和林登女士决定把观察地点聚焦于室内活动的各个区域。她们的决定是基于之前的非正式观察做出的，因为她们此前发现内莉的分享或抢夺物品的行为发生在教室里的不同角落。内利斯先生则决定在户外区域观察托德。

指导原则 2：在观察之后尽快进行轶事记录

这有助于教师更好地回忆当时的场景。教师通常很忙，手头有很多事情要做、要想，如果在观察后不能马上记录，事后就可能会忘掉，形成的记录就是不完整的。在事情发生很久后才记录，将迫使教师依靠记忆力，这很可能会导致一些细节不准确。

林登女士想不起来几天前内莉在抢别人的东西时是跟谁在一起玩了。"我也看到了内莉和别人分享物品，但是记不起来她是什么时候、和谁在一起。"

有效的观察者是有准备的。教师这么忙，如何才能做到在事情发生后马上或很快地记录呢？秘诀是，在观察前进行准备。很多教师会把记录卡、笔放在教室里两三个不同的地方。这样，他们就不必临时花时间去找这些工具了，也就更有可能迅速地记录。

做非常简短的笔记，之后再增加细节。教师所选择的观察方法必须是现实可行的。总有一些时候，教师没办法停下手头的工作去做记录，这时他们可以用电报式的语言做一些非常简短的笔记，稍后再补充细节。这样的浓缩版记录能够提供足够的信息，让教师回忆起事件的细节。瓦尔加斯女士鼓励助理教师采用这种办法，第二天她就看到助理教师做了一个非常简短的轶事记录。

林登女士正在准备点心，这时她注意到在积木区玩的内莉把自己的积木递给了另一个小朋友——她正在分享。助理教师没有时间腾出手来记录，所以她快速地写下："内莉／拉尔夫／积木。"（内莉与拉尔夫分享了积木）

但是，如果放置一个月，或者只是一周、几天之后，这样简洁的记录就无法唤起记录者的记忆，也没法提供充分的信息。所以，如果要保留足够的细节，就应该尽快完成轶事记录。

准备好点心并且发放完毕后，林登女士写道："内莉和拉尔夫在积木区玩耍。他们在搭一个露台。拉尔夫需要一个小积木完成露台，但是手头没有这样的积木了。内莉捡起了自己旁边的一块积木，递给了拉尔夫，说：'这有一块，拉尔夫。我有很多积木呢。'"

有些时候，教师可能连写简短笔记的时间都没有。他们尽可能地用脑子记下事件的细节。比如，瓦尔加斯女士在带着孩子们散步的时候就没办法记录，所以当他们回到操场的时候，她马上记录了所观察到的事情。

指导原则3：记录事件发生的情境

观察者通常观察到的只是儿童活动或发展的一小部分。如果把儿童的发展比作一部电影，那么观察者在某事某地所得到的只是一张"快照"。教师如果能准确地描述事件发生的场景，就相当于给这张"快照"加上了背景，这是有效观察的重要一步。没有对于背景的较好描述，我们看待幼儿的行为就是脱离情境的，而情境中的因素能够提供幼儿行为的原因，我们如果脱离情境就有可能忽略这些因素。

描述事件的背景，需要：

- 描述事件发生的场地
- 记录事件发生的日期和时间
- 列出事件涉及的儿童和成人

描述事件发生的场地。记录事件发生的地点，如积木区、一年级或二年级的计算机区、表演游戏区或图书馆，或者，教室里还是在户外？就内莉的例子而言，记录她分享或抢夺物品的地点能够最终帮助我们发现她在哪些地方最容易出现此类行为。

记录事件发生的日期和时间。如果教师记录的是儿童的同一种行为，那么记录日期和时间就非常重要，因为这可以告诉教师问题发生的时段，以及它随着时间变化的情况。

列出事件涉及的儿童和成人。儿童的行为并不是发生在真空中的。因此，记录事件还涉及了哪些人很重要。记录其他相关儿童的姓名和年龄，留意在事件发生的地方有哪些孩子在场，也应记录没有跟观察对象玩耍的孩子以及在场的成人。

对于情境信息的记录，可以采用简单的格式。记录的方法简明，教师才会更愿意记录。一个实用的做法是，制作一个简单的表格来快速地记录情境信息，如表3.3所示。另一个做法是，复印多份表格，将其放到教室的不同地点。使用这些表格，既便于教师记录关键信息，又不至于花费太多时间。

表 3.3　轶事记录

观察目的：
地点：
日期：
时间：
基本活动：
观察对象：
其他相关人员：
事件
反思 / 评论 / 解读

指导原则 4：为记述的活动写下有用的注解，记录中包含充分的细节，让"快照"更清晰

在表格中为活动写下注解，从表 3.3 可以看到应在何处写。

观察者必须有重点地快速书写，并且记录事件的丰富细节。充足的细节才能更好地告诉我们发生了什么，这样的记录才是更好、更有用、更聚焦的。

（含有丰富细节的轶事记录）内莉和贾丝廷在一起玩玻璃球机器，两个人轮流丢玻璃球。内莉丢了球之后，看着贾丝廷的玻璃球，没有说话，侧身用双手抓了贾丝廷的一些玻璃球到自己的面前。

贾丝廷的眼睛瞪大了，惊奇地看了她一眼，然后生气地哭了起来："不要拿了，内莉！那是我的玻璃球，你要拿应该先问我。"内莉瞥了一眼贾丝廷，但还是没说话。她径直走了回去，把玻璃球丢进了机器。贾丝廷又哭了起来。瓦尔加斯女士看到了，走了过去，平静地询问两个姑娘发生了什么。内莉恼怒地说："我想要这些玻璃球，我需要这些玻璃球！"

指导原则 5：在记录对话时，记下原始用语

逐词忠实地记录对话，能让阅读者更好地理解对话。可以用引号标明说话者的原始用语，转述的话则不需要用引号。只要可能，就尽量记录儿童或教师的原始用语，以及关键短语。

（直接引用）贾丝廷对教师说："内莉拿了我的玻璃球。"然后，平静、坚决但是语气夸张地说："我要拿回来！"（用引号标明原始用语）这样的描述，清晰地描绘出了贾丝廷特别渴望拿回她的玻璃球。

* * *

（转述）贾丝廷告诉教师，她想拿回那些玻璃球——这是对说话者语言的转述或总结，并未包含原始用语，不需要用引号。

※ ※ ※

（写下关键短语）助理教师记录了瓦尔加斯女士跟两位小朋友谈话的关键短语，她无法记录瓦尔加斯女士确切的用词，但是抓住了一些关键内容——对内莉说："班级规则……不能抢……要先问。"

指导原则6：记录其他人对主要发言者的反应

描述其他儿童或成人是如何用语言、行动，或是二者相结合的方式回应主要发言者的。大多数观察者会记录事件直接参与者的活动，但是把背景中人的反应也记录下来会更好，这样能更好地提供信息。

昨天来园的时候，内莉把衣服和鞋子放到小柜子里，她的爸爸和瓦尔加斯女士交流。丹妮尔也在旁边，把她的背包放进挨着内莉的柜子里。这时，内莉的爸爸转过头来看着她，内莉把丹妮尔的背包拿了出来，胳膊穿过背带。内莉的爸爸看起来有些生气，说："内莉，把背包放回去，这不是你的。"然后，他问瓦尔加斯女士如何处理这种情况。

指导原则7：有序撰写轶事记录

（以一年级儿童托德为例）首先，描述场景，即教师和几个儿童在餐桌旁。然后，以正确的顺序描述你看到、听到的内容：教师给每个孩子一块饼干，自己也拿了一块，之后将自己的饼干掰成了三块，并向托德提问。最后，写明事情的结尾：托德回答了问题。

指导原则8：努力获取完整、准确的信息，在记录时尽可能保持客观

数据完整。为了帮助儿童或是了解他们目前的发展水平，教师需要从观察中获得正确的信息。因此，在进行观察时，包括进行简短的轶事记录时，要仔细地观察，然后尽可能完整记录。简明扼要的记录很好，但是要避免过于简单，因此要充分地观察、全面地了解事件，这有助于得

到准确的信息，最终准确地解读儿童的行为或是判断其发展水平。

客观。保持客观，意味着避免对行为的解读。这做起来很难，教师很容易会解读自己所看到的事件。比如，经常会说："约翰真是个有攻击性的孩子。""有攻击性"这个词就是对约翰的实际行为的解读，但是它没有对行为进行描述。

一种解决办法是回顾观察内容，检查是否进行了解读，如果有就予以删除。可以考虑请别人来检查，尤其是在你刚开始学习观察的时候，别人可以更好地帮到你。

一种实用的办法是，只记录现实情况，比如孩子做的事情和说的话。把你看到的、听到的、闻到的都记下来。这样，你所写下的都是事实，能够保证相当程度的客观性。

准确。记录时尽可能做到准确。要确保你记录的事实的确是事实。比如，内莉把铲子从拉尔夫那里拿走，是事件的起点吗？或者有没有可能，是拉尔夫先拿走了铲子，而内莉只是把它拿回来？在这个事件中，信息对于你后续的分析和评论（解读）是非常重要的。

在学习观察技巧时，可以考虑和另一个人一起观察。你们可以互相检查各自的记录是否准确。助理教师在写轶事记录时，可以请瓦尔加斯女士和她一道写，然后检查自己记录得是否准确。下面是两位教师各自对同一事件的记录。

过去，莫希在集体活动时偶尔会出现问题，在其他时候则能够开心地参与。教师们需要准确地了解他在什么时候表现得好，什么时候会打扰别人。她们的目标是观察莫希在大组集体活动中的参与情况。

（瓦尔加斯女士的轶事记录）格里的母亲今天是志愿者，在为小朋友们读故事。皮特、金和莫希在大组的外圈坐在一起。莫希用手撑在地上，身体往后仰。他在听故事，没有跟其他人说话。皮特和金也保持着同样的姿势，他们在故事的第一部分时都安静地听着。后来，皮特的左手开始像螃蟹一样慢慢地向莫希移动。莫希的手往一边滑了一下。皮特稍微往左边歪着倒向了莫希。莫希往一边挪了挪，继续听故事。皮特看了莫希一眼，眯起眼睛笑着戳了莫希的肩膀一下。莫希开始叫："老师！"格里的妈妈停下来，看向莫希。

* * *

（林登女士的轶事记录）莫希在班里和其他小朋友坐在一起听格里的妈妈讲故事。皮特和金坐在莫希的两边。三个男孩都安静地听了一会儿故事，后来莫希突然粗鲁地大声喊："老师！"每个人都停下来看向莫希（请注意：使用"粗鲁地"一词是不恰当的）。

两篇观察记录的区别。瓦尔加斯女士是一位有经验的观察者，比起刚开始学习观察的助理教师，她给出了更全面的信息。我们读了瓦尔加斯女士的记录就会知道，莫希想要听故事，可是受到了皮特的干扰。但从助理教师林登女士的记录中看不到这一点，因为她既没有记录皮特的表情，也没有记录他碰和推莫希的举动。所以，瓦尔加斯女士的观察比林登女士的观察更为准确。

助理教师林登女士的观察还具有评判性。她对莫希的行为进行了解读，如"粗鲁地"。她在其中代入了自己的观点，但这应该被排除在观察之外，它会有损观察的客观性。

指导原则9：在适宜的情况下，小心谨慎地解读观察

助理教师林登女士不准确地解读了莫希的行为，因为她记录的信息太少，因此呈现了一个带有偏见且缺乏事实依据的解读。

观察者是带着自身的个性进行观察的，这就使得保持完全的中立或客观是几乎不可能的。但是，我们可以采用一些合理的策略把主观的解读降到最小程度。

在轶事记录中，只记录事实（你看到的、听到的、闻到的、触摸到的）。不要对记录的事实加以解读。在20世纪60年代的一个警探剧《法网行动》(*Dragnet*)里，主角萨金特·弗雷迪（Sergeant Friday）队长在访谈证人的时候发现，他们经常会在语言中加上自己的解读。这时，他就会用平缓的音调说："只说事实，女士。"也许我们也应该采纳萨金特·弗雷迪的这个建议，只记录事实——在我们给出自己的观点之前，一定要确保自己了解了足够的事实。

把评论或解读与事实区分开。如果有必要进行简要的解读，就把解读部分和事实部分分开，把解读放到括号里。

（瓦尔加斯女士的观察）内莉和拉尔夫在沙坑里玩，他们在一起做隧道。拉尔夫一直用一个铲子，内莉在用小车把沙子搬运出去。轮到内莉挖了，但是拉尔夫说："不，内莉。我在用铲子。"内莉说："轮到我了！"拉尔夫没回话。内莉的脸变红了（解读：她看起来生气了），说："该我了，给我铲子。"[解读：如果没有看到完整的场景，有些人可能会觉得内莉富有攻击性，其他人则可能将其视为一种积极抵抗，这是一种管理愤怒情绪的良好方式（Fabes & Eisenberg, 1992）。他们可能会说内莉是在维护自己的权利。]

在轶事记录中留出专门的反思或评论（解读）区域。请参看表3.3。

决定是否、何时撰写评论（解读）。不要总是在记录后马上就对儿童的言行进行解释，也不需要总是必须写出解读和评论，尤其是当你还只是刚开始收集信息的时候。实际上，很多情况下不写评论更好。你如果觉得没有必要写评论和解读，就可以在解读区域写下"N/I"，表示没有解读。

一年级教师在观察托德对守恒概念的理解时做了这样的记录："N/I。需要更多的例子，或是设置一个守恒测试任务来考察他的理解。"

在解读行为的时候，寻找重复性行为。收集一些轶事记录，从中寻找反复出现的行为。当你这样做时，即使自己没想到，也很容易对儿童的行为进行解读（见表3.4）。

表3.4 对记录进行思考：撰写适宜的评论

> 观察目的：观察内莉的慷慨行为、对征求他人同意后获得东西而不是抢夺东西的学习，以及抢夺别人物品时周遭的情境
>
> 地点：具有拼图和其他操作性材料的区域
>
> 日期：9月14日，周二
>
> 时间：上午9:17
>
> 基本活动：四个小朋友在玩操作性材料
>
> 观察对象：内莉
>
> 其他相关人员：主要是金；拉尔夫和贾丝廷在同一个区域玩，但只是旁观者
>
> **事件**
>
> 内莉面向金坐着，两个孩子都在玩像锁一样的小积木。她们每个人面前都有一堆积木。内莉安静地玩了几分钟，然后向前看了看金面前的那堆积木。她说："我可以用一块你的积木吗？"金回答道："我要拼船，这些积木都需要。"但是，内莉依然伸手拿了金的一块积木。"哎！那是我的积木，内莉，还给我。"金喊道。"我需要这块积木。"内莉答道，然后继续把金的积木放到自己正在搭的东西上。
>
> **反思/评论/解读（对内莉此类行为的第一次解读）**
>
> 自我们开始观察以来，内莉有好几次拿别的小朋友的东西了（如记录1、4、6、8号，本记录为8号）。我们昨天要求她在拿别人的东西之前先询问，她照做了。今天，她又询问了——这是进步！所以，她看起来明白该如何向他人要自己想要的东西。当金拒绝的时候，内莉依然拿了她的东西。我们认为，内莉因为还处于自我中心阶段，所以不明白如何换位思考，而这在内莉同龄孩子中并不罕见。我们计划继续帮助内莉学习换位思考。

轶事记录的优点和缺点

没有哪种观察方法是完美的，轶事记录也不例外，但每种方法都有其优点，也有其缺点。

轶事记录的优点

我们有很好的理由在观察幼儿时采用轶事记录。

轶事记录可以帮助早期教育教师：

- 理解儿童的发展
- 更好地决定如何指导或纪律约束
- 评估儿童的需求、兴趣和能力
- 计划和评估课程
- 记录变化，或是哪些变化没有发生
- 记录疑似的儿童虐待或忽视现象
- 观察不常见的、非典型的行为

轶事记录并不复杂

轶事记录是一种易于理解、可靠的叙事性观察方法，对工作繁忙的教师来说尤为适宜。把记录单复印出来放到教室的各个地方备用，能让这种方法更加简化。如果观察的程序较为简单可靠，教师就更有可能采用它。

轶事记录易于学习和使用

前文所述的几个指导原则可以帮助你学习如何更好地撰写有效的轶事记录。练习几次，你就可以用这种办法充分地记录你观察到的有益信息。

轶事记录的缺点

当使用轶事记录时，你可能会遇到一些重大的潜在问题。

观察者可能会做出带有偏见的评判

比如，林登女士对内莉的行为做出了过于武断的评判，认为她是自私的。瓦尔加斯女士意识到了她的评判缺乏事实依据。林登女士如果从此带上了这种印象，在后续的观察中就会选择那些她认为属于自私的行为进行观察，而不太可能有意识地关注内莉表现出的慷慨行为。

轶事记录可能被无根据地解读

观察者可能做出没有根据或无法令人信服的评论。这就是为什么我们建议只记录事实性信息，避免解读。

林登女士如果只观察到了内莉拿别人的东西，就会很容易将这种行为解读为自私。但是实际上，在进行了多次轶事记录后，教师们发现内莉其实正在初步地学习如何换位思考（例如，发现金也有玩玻璃球的权利）。

她们还意识到，在换位思考这件事上，内莉的发展还不充分（Dixon & Soto, 1990），于是决定继续帮助她提升此项能力。教师如果不加小心地解读自己的观察，就会很容易对儿童进行错误的负面评判。

高效地使用轶事记录

妥善地整理轶事记录

决定以什么方式保存轶事记录

可以考虑用一个小纸箱或小书橱，给每个孩子留出一个文件夹。或者，可以将索引卡片分类放到一个文件盒里。保存方法尽量简单，让孩子取放更容易。

决定何时归档

有些教师在写完记录后马上整理归档，或是每天或每周定期归档。每种办法都是适宜的，如果把这种定期归档的习惯保持下去，就可以成为一个很好的常规。

注意写下轶事记录的目的（Almy & Genishi，1979）

在记录纸上简短地写下记录的目的（见表3.3）。瓦尔加斯女士的记录目的是观察内莉是否拿走别的小朋友的东西。这样对目的的简短记录，未来会便于教师进行整理和使用。当分析内莉的行为时，教师就可以根据这些目的把相关的记录挑选出来，因为每张记录的开头都写下了目的，这就简单多了。

对分析和使用轶事记录中的信息进行清晰的计划

定期回顾轶事记录

瓦尔加斯女士定期和助理教师开会讨论教育计划。会议的一部分内容是回顾她们对儿童的观察。她制订了时间表，每隔两周对儿童的观察记录进行回顾浏览。她们的目的是重温观察中所获取的信息，在适当时对这些观察进行解读，当感到观察还不足以形成结论时，就会继续安排观察。

分析观察结果

之后，她们利用观察信息为儿童制订教育计划。比如，内莉的老师决定继续帮助她学习理解其他小朋友也有玩玩具的权利，也就是说，别人的想法和自己的想法可能有所不同。另外，她们还决定和内莉的父亲进行交流，因为他向教师们询问过如何处理这些事情。

帮助你建构观察知识和技能的活动

活动 1

使用表 3.2 中撰写轶事记录的指导原则，分析教师针对三个二年级儿童所做的轶事记录（该记录是内利斯先生在事件发生后 3 分钟记录的）。

> 班级：K—2 班
> 主班教师：内利斯先生
> 地点："航天局"表演游戏区
> 观察重点：贾丝明对周围人愤怒的反应
> 日期/时间：9 月 9 日，上午 9:45—9:47
> 其他相关人员：帕特里克（6 岁 10 个月）和蒂姆（6 岁 9 个月）
>
> **事件**
>
> 　　帕特里克、蒂姆和贾丝明在做一个与太空相关的东西，搭建了一个控制室。他们玩了几分钟。帕特里克和蒂姆在准备起飞程序，贾丝明走了过来，穿上了发射服。帕特里克和蒂姆说要轮流操作。贾丝明的头稍稍朝他们偏了偏，似乎是在听，同时停下了穿发射服的动作，径直地看着帕特里克和蒂姆，眼睛快速地眨着。贾丝明前后扫视，看是谁在说话。
>
> 　　蒂姆说："轮到我操作了。"帕特里克回答说："我还没弄完呢。"他的声音一个字比一个字大。蒂姆说："但是，轮到我了。内利斯教师告诉我轮到我了！"蒂姆试图把帕特里克紧握着的操作板拿过来，推开帕特里克。帕特里克冲着蒂姆说了句脏话。贾丝明看起来屏住了呼吸，然后哭了起来（解读：看起来很惊恐）。然后，贾丝明拿起了太空头盔，往墙角猛地一丢，大声说："我不管现在该轮到谁了，反正我是不在这玩了！"接下来，贾丝明冲出了活动区。

（续表）

反思／评论／解读
贾丝明先后生活在两个寄养家庭。她的第一对寄养父母经常在她面前吵架。每当有人在她旁边争吵时，她就会像今天这样，而她今天的反应尤为强烈。通常，她会安静地看着别人争吵，但她今天看起来非常烦躁。

活动 2

至少撰写三篇轶事记录。你可以选择一个儿童，对其进行三次观察；也可以分别对三个儿童进行一次观察。用表 3.2 分析你的观察记录。

活动 3

这里有三篇对于同一事件撰写的轶事记录，每一篇所包含的细节丰富程度不同。为什么第一篇记录包含的细节最为有用？读第一篇记录，和读第二篇、第三篇记录相比，能让你获得哪些更多的信息？

内莉和贾丝廷在一起玩玻璃球机器，两个人轮流丢球。内莉丢了球之后，看着贾丝廷的玻璃球，没有说话，侧身用双手抓了贾丝廷的一些玻璃球到自己的面前。

贾丝廷的眼睛瞪大了，惊奇地看了她一眼，然后生气地哭了起来："不要拿了，内莉！那是我的玻璃球，你要拿应该先问我。"内莉瞥了一眼贾丝廷，但还是没说话。她径直走了回去，把玻璃球丢进了机器。贾丝廷又哭了起来。瓦尔加斯女士看到了，走了过去，平静地询问两个姑娘发生了什么。内莉恼怒地说："我想要这些玻璃球，我需要这些玻璃球！"

* * *

内莉和贾丝廷在一起玩玻璃球机器。内莉拿了贾丝廷的玻璃球。贾丝廷哭了,但是内莉什么都没说。教师跟她们谈了话,询问发生了什么。

* * *

内莉和贾丝廷在一起玩同一个玻璃球机器。内莉没有玻璃球了,就拿了一些贾丝廷的玻璃球。贾丝廷很惊讶,让内莉还回来。内莉没有还,贾丝廷就哭了。教师跟每个女孩谈话,询问发生了什么。

第 4 章 持续性记录：一种较长的叙事性观察方法

本章目标

1. 总结持续性记录的优点和缺点。
2. 解释为什么有重点地进行持续性记录很重要。
3. 列出并解释至少三个进行持续性记录需要注意的要点。
4. 列出持续性记录所包含的部分，解释为什么要在持续性记录中记录事件的背景。
5. 撰写并分析持续性记录。

持续性记录

撰写持续性记录是一项专业技能，而成为一名有技巧的观察者是对儿童进行真实性评价的第一步。有技巧的观察有助于教师评估和计划活动、课程，帮助早期教育专业的学生理解儿童的发展，也能帮助教师关注儿童的发展，这是发展适宜性教育的基础所在（Bredekamp & Copple，1997）。

持续性记录是一种经过检验的方法。它比轶事记录复杂一点，是一种传统的、历史悠久的了解幼儿发展的方法。几十年来，教授儿童发展课程的教师想让学生从行动中学习儿童发展的知识时，都会使用这种方法。

持续性记录：描述

持续性记录是一种叙事性的、开放的、较长的观察记录形式。它在几个方面与轶事记录类似，但也存在不同。

持续性记录是叙事性的

就像轶事记录一样，持续性记录也会讲述一个故事。轶事记录是一个简短的故事，而持续性记录是一个长故事，它是观察者长时间观察一个儿童、群体或活动的结果。观察者尽可能地记录自己关注的事情，并将其保存，这个故事中应包含足够的细节，以便他将来再看时能够看得明白。

持续性记录是开放的

观察者可以自由地选择各种发展领域、互动或活动加以观察。观察者可以看单个儿童、一组儿童、一个活动，或是个性发展的某个方面，甚至是教师的行为和互动（Cohen, Stern, & Balaban, 1996）。

持续性记录是比轶事记录更长的观察方法

观察者使用持续性记录收集某个事件的更多信息,因此所花费的时间也更长。如果观察者当天的关注点是某个儿童如何发起跟他人的游戏(一种社会技能),他就要用相对长的一段时间观察这个儿童。他要记录他所看到的、听到的一切,然后在脑子里分析所记录的内容。

观察者在进行持续性记录时不参与活动

就像轶事记录一样,持续性记录来源于观察者的直接观察。但是和轶事记录不同,持续性记录要求观察者是非参与的,在观察时不介入活动。

观察者在活动的外缘进行观察,尽可能处于不显眼的位置,比如一个特定的观察点、一个安静的角落或是操场的某个地点。

教师不太常用持续性记录,因为它需要花费较长的时间,平时工作繁忙,他们担心这种记录会让自己脱离班级活动太久。的确,他们是把班级和孩子放在第一位的。

但是,只要对传统的持续性记录稍加改造,它就可以便于繁忙的教师使用。教师可以在需要相关信息,但过于简短的轶事记录不够用的时候,进行较短时间的观察,如 20~30 分钟。教师还可以考虑用持续性记录作为轶事记录甚至其他观察方法的补充。

持续性记录的格式

建议格式

持续性记录的格式很简单、直接。目标是记录某段时间的背景信息,然后对观察者的所见所闻进行集中记录。最后,观察者对收集到的信息进行反思和评论(只有在必要的时候)。表 4.1 展示了一个建议的格式。

表 4.1　持续性观察记录的格式

背景信息	集中观察	反思／评论

持续性记录的组成部分：解释

一份持续性记录包含三个部分：背景信息、集中观察、反思／评论。表 4.1、表 4.2 和表 4.3 展示了这些部分。

背景信息

要对背景有清晰的了解。就像轶事记录一样，在观察时了解观察所处的背景十分重要。记录地点、任务、你对儿童情绪的印象，以及儿童的活动。这些背景信息将成为后续两个部分的"幕布"。

- 记录儿童的活动。点心环节？科学活动？户外活动？户外旅行？
- 描述地点。简单而清晰，记录足够的细节让你将来能回忆起发生了什么。同时，记录时间。
- 列出活动中涉及的儿童和成人姓名。
- 在适当的情况下，写下你对儿童情绪的印象。例如，"午睡时间，但孩子们看起来一点都不安静，好像被刚才路过的消防车的声音搞得烦躁不安。"
- 在有帮助的情况下画草图。有经验的观察者知道"一幅草图胜过千言万语"。迅速地把教室环境或者你观察的活动区简略地画下来。例如，表 4.3 描述了爱子、肯尼、萨姆和莫莉这四个孩子在学校的露台发现了一大块冰。教师画出了她们初次发现冰块时每个人的位置，以及教师所在的地点。

集中观察

第二个部分是集中观察。在本部分，观察者写下对事件准确、详尽的描述，包括儿童的行为和语言，以及他们看起来的感受。

- 进行准确的记录。你对于某个儿童、某个活动、某位教师或某个事件的描述应该是准确的，也就是说，应当包含一些细节，能够让你和其他人看到后就可以描绘出当时的场景。
- 记录细节、充分的信息，以便你将来再读记录时能够清楚地了解发生了什么。
- 客观地记录，避免掺杂你的观点。在这里要记录的是事实。例如，儿童做了什么？说了什么？其他人对他说了什么？描写面部表情以及看起来重要的身体动作（记住萨金特·弗雷迪队长的建议"只说事实"）。
- 使用描述性词汇。客观的观察不一定是单调冷冰的描写。使用描述性词汇可能会呈现一个清晰的画面，展现出互动的基调。

　　安迪走到卫生间，他洗了手，然后走到桌子前坐在两个儿童中间。他告诉教师，他洗过手了。

　　　　　　　　＊　＊　＊

　　安迪从卫生间冲到了桌子前，"扑通"一声坐到了乔治和桑德拉的座位中间。"内利斯先生，我洗过手了，你看？"他嘿嘿地笑着，眼睛睁大，先是向教师展示了手掌，然后反过来展示手背。他还闻了闻手，说："我能闻到香皂味。"

第一个例子给出的是干巴巴的事实。第二个例子描写的是同一个事件，但是为安迪的举止描绘出了更丰富的画面。读者看了之后可以知道他走向桌子的速度（冲到），他是怎样坐到座位上的（"扑通"一声）。我们知道他笑了，还知道他是"嘿嘿地笑着"。他不仅告诉了教师，还展示了双手、闻了香皂味。

📖 把描述性词语和具体的行为相联系。使用描述性词语和短语，但要注意把它们和实际的具体行为进行有效的联系。下面的例子只说明了儿童看起来很高兴、很兴奋，但是没有把这些印象和具体的行为相联系，读者很难知道究竟是什么让观察者有了这种印象。

詹纳今天刚来园的时候看起来非常高兴和兴奋。

下一个例子描述了让观察者觉得6岁的詹纳"非常高兴和兴奋"的具体行为。

詹纳今天冲进了教室，一路拉着妈妈。她跳到教师面前，脸上浮现出大大的笑容，拿出一张照片："快来，妈妈！内利斯先生，看！这是我的小狗！它的名字叫麦克斯，是个比格犬。它来自动物保护协会。是不是很漂亮！它有一个咀嚼玩具，还有一张床、大木箱、碗和宠物绳！它在我的房间睡觉。"在说"我的房间"时，詹纳用右手食指指着自己的胸口。

反思 / 评论

提高反思和解读信息的能力，需要付出时间和努力。就像很多其他方面一样，它的发展需要经历一个过程，因此给自己一些时间来提升此项能力。在进行解读的时候要特别地小心，有三点可以帮到你。

📖 反思，但不要猜测行为的原因。反思/评论部分是用来反思事件、认真思考的地方，而不是用来乱加猜测的地方。行为是复杂的，有很多可能的原因。比如，你看到一个儿童站在一个铁链做的藩篱前，双手抓住藩篱，盯着外面的树看。没有人能准确地说清楚他为什么这么做。想一想所有可能的解释吧。所以，最好不要急着猜测。在获得足够的信息之前，我们所做的猜测都是无关的也是不重要的。

最好只采集事实性信息，反复阅读，让它沉淀一会儿。记录了表4.3的观察者，最初空着评论部分，她把精力集中于记录儿童的所做、所说和成人的所做、所说，有意识地不解读每个行为。而且，她把重点放在了几个小朋友是如何建构"融化"这一概念的。

只有在评论可能帮助你了解儿童的行为或发展时，才进行评论。可以评论的对象有团体的氛围，或是课程的有效性等。不要解读每一个细节，不然就会陷入太多的无关细节中。请参看表4.2和表4.3中的持续性记录的评论部分。

表4.2 摆渡船船长肯尼：15分钟持续性记录的摘录

背景信息	集中观察	反思/评论
上午8:02。肯尼是一个瘦瘦的但是很结实的4岁男孩。他是班上最高的孩子之一，留着短短的深棕色头发，眼睛也是深棕色的，亮亮的。我觉得，肯尼看起来很	上午8:04。肯尼（K）的爸爸刚离开。K戴着帽子，爸爸说："绅士在室内不戴帽子。把帽子放到柜子里吧。"K照做了，然后挥手跟爸爸再见。之后，他径直走到水桌去玩，水桌上有几艘船。里奇（R）和萨姆（S）也在那里玩。S拿着一艘船玩，R穿着罩衣在一旁看着。	没有跟爸爸争吵，听从了爸爸的建议。 K看起来很急切地到水桌那里玩。

（续表）

背景信息	集中观察	反思/评论
健康、强壮。他的举止很文静，总是很机敏，爱笑。今天，他穿着干净的短裤、短袖汗衫、运动鞋和袜子。他的爸爸让他把帽子放进柜子里。本事件发生在室内的水桌旁，时间是在刚入园后。现在是8月份，天气很热。班上有一半的孩子在室内，孩子们跟父母说"再见"后会选择区域玩耍（上午8:04，背景信息结束）。	K很快穿上了罩衣，站在水桌的一边。他跟另两位小朋友说："我要玩这艘船。""我这是一艘摆渡船，呜呜……它要到岛上去接人。"之后，K拿着船慢慢地在水里漂，从水桌的一边漂到另一边。"该上摆渡船了！要回到大陆啦。呜呜……"他把"乘客"摆渡到了水桌的另一边。"乘客们请下船，注意脚下。请小心，先生。"K把每个人偶拿起来小心地放到水桌的边缘上。

老师（T）看到了他玩的过程，笑了起来。"你这周末去看奶奶了吗，肯尼？"（K的奶奶住在附近的一个小岛上，K和家人经常去看她，去的时候要坐摆渡船）"对，我们去看她了，坐了摆渡船。船长向我敬礼了，我也向他敬礼了！奶奶给了我一块饼干，还是热的呢。上面的巧克力屑黏黏的！"他说完就把视线从老师那里移开，又开起了船。"呜呜……我们又要启程啦，再见。"K看着S，压低嗓音说："起风了。你有乘客要坐摆渡船吗？我们很快就要离开小岛了。全体登船！"

K又把摆渡船来回开了几遍，沉浸 | 跟R不同，K没有犹豫就开始了游戏，然后投入游戏中。

K看起来能够理解摆渡船船长的角色。

K的游戏基于他真实的、快乐的生活经验。

K模仿船长的语调。他的记忆力看起来很好，能让他记起船长的原话和语调。 |

(续表)

背景信息	集中观察	反思/评论
	于自己的游戏中。R，一位有唐氏综合征的孩子，一点一点地靠近K。当R把手伸向K的摆渡船时，K看起来有些吃惊（还有生气？）。"不，R！我在玩摆渡船，是我先拿的，你要等我玩完才能玩。"R快速地退了回去，看起来要哭了。	K受到打扰时的表达是积极的、非攻击性的。
上午8:11（K和R继续玩了几分钟摆渡船，然后K从水桌走到了表演游戏区，找到一件摆渡船船长的衣服穿上，坐在方向盘后面，把船开回大陆。）	K没有马上回到游戏中，而是停下来跟R说："对不起，R。这里有一个好玩的船给你玩。跟我的一样。"K拿起另一艘船，轻柔地拉起R的手，把船放到他的手里。R又活跃起来。K继续说："咱们一起发出船声，呜呜……把你的船跟我的并排开，R。好，发出船声，呜呜……"R从来没有发出过这种声音，盯看K。每当K发出"呜呜"的声音时，他就会笑起来。（上午8:11，摘录结束）	K表现出了同理心，甚至把船交给了R。R没有发出摆渡船的声音，K也没有对R生气。K以适合R的游戏方式跟他玩。

表 4.3　露台上的冰块：15 分钟持续性记录的摘录

背景信息	集中观察	反思/评论
上午 9:49。事件发生在大学实验学校的几个 4 岁儿童中，时间是 8 月底的一个热天。孩子们穿着夏天的衣服来到室外操场。他们看起来很急切地要到外面玩。尽管天气很热，他们依然冲到各个区域。其中的四个孩子看到了露台上有个冰块，就跑了过去。 　　　老师 莫莉　□ 爱子 　　　　肯尼 　　　　　萨姆 露台↑	上午 9:51。莫莉（M）、爱子（A）、肯尼（K）和萨姆（S）跑到了露台边上，看到那里有一块很大的冰块。老师（T）也走了过去。K 尖声叫道："看！冰！一大块冰！看……透过它能看到后面的东西。"他一边笑着一边把手放到冰上，又放到自己的脸上。K 说："感觉很好。"K、A、M 都用手在冰上摸，S 则站在离冰较远的地方，看着冰块，张着嘴看着他们。K、A 和 M 都发出满意的声音："哦，嗯。""萨姆，摸一摸冰，很滑，"A 叫他。K 也附和道："是凉的。"老师在旁边站了一会儿，看着孩子们摸冰。S 走近了几个孩子，小心地伸出手。K 指着一处平滑的冰面鼓励他："摸这，S。" S 把右手放到了冰上，脸上露出惊讶的表情。K 说："看，是凉的。"S 没有说什么，但是咧着嘴笑了起来，把已经湿了的手放到了自己的脸上。他看起来不再小心翼翼了，快速地把手又放回到冰上，画着圈。他举起手的时候，水从手上往下滴。S 看着水滴落到干的露台上。S 说："看，是水。老师，是水。"他瞪大了眼睛，张大嘴巴。	儿童的表情和语言表明他们很惊奇！ 萨姆看起来并不害怕，但是对于摸冰犹豫不决。 S 看起来信任其他小朋友，后来他很喜欢这个活动。 S 的表情让我觉得他很惊讶、困惑。

（续表）

背景信息	集中观察	反思／评论
	老师说："观察得很好，萨姆。你手上在滴水。你摩擦了冰，手上就开始滴水了。你觉得发生了什么？" S 看着老师的脸，皱起眉头，似乎在认真地听老师说话。"我把手放到冰上，然后手上就有了水。冰在我手上变成了水。" 其他的孩子继续摩挲着冰，把水滴到露台上。他们在听 S 和老师的对话。A 说："看，我也在滴水。"她活泼地甩着手，把水甩出一个弧形。老师说："你摸冰的时候，它发生了什么？" S 脸上困惑的表情突然消失了，就像一个突然获得新发现的人一样，脱口而出："冰融化了。" K 表示同意："对，冰融化了。" A 和 M 继续摸着冰，然后看着水从手上滴到露台上。 这时，冰块开始变成液体，能看到底下的水把灰色的露台变成了深色。A 指着冰下的地面说："看，现在冰下面有水了。"老师说："嗯，我们都没有摸冰的下面，你们觉得为什么那里也有水？"	
9:58（老师和孩子	（上午 9:58，摘录结束）	老师发起了一个冰怎样变成水的讨论——各种形式的热

（续表）

背景信息	集中观察	反思／评论
们继续讨论了几分钟。其他小朋友围了过来，A 和 M 离开了。大家都开始关心冰变成水的问题。老师把这件事跟前一天制作果冻的活动进行联系。）		量会让冰变成水，如温暖的手或阳光的热量。

  📖 使用描述性语言，而非解释性语言。你的词语和短语应当能够描绘客观的行为，即可供其他观察者查看的客观行为。如果你的用词是对儿童行为的评判，但没有给出客观的信息，那么这样的记录是无法被其他观察者查看的。

  （解释性语言）"奥布里特别想去水族馆。"这种说法假设了奥布里的心理感受，但这种心理感受是无法被证实的。

＊＊＊

  （描述性语言）在大组活动时间，奥布里谈论了自己的两本关于水族馆的书，还提到了妈妈办公室里的水族箱。当教师宣布大家排队坐车去水族馆时，奥布里深呼吸了一下，握紧拳头挥舞着，同时闭着眼睛笑了出来，然后喊着："我们走！我们走！"

  这种陈述给出了事实性描述，避免了解释性语言，这样的描述便于其他观察者查看。如果用描述性语言对儿童的行为进行充分、详细的描述，我们就不需要猜测，也能看到这些行为背后隐藏的感受。

表 4.4 避免解释性语言，采用描述性语言

避免解释性语言	采用描述性语言
杰西真自私。	杰西从基那里拿走了记号笔，从马克那里拿走了帽子。
索尔今天太有攻击性了。	索尔把莎里从他那里拿走的书抢了回来，说："还给我！"
罗伯托在救援犬在场时很害羞。	当教练为大家解释救援犬的职责时，罗伯托安静地坐着，看着救援犬。在其他人都在问问题时，罗伯托没有问，只是坐着听。
这两个男孩今天表现得很傻。	本和亚当在镜子前歪嘴斜眼地做鬼脸，咯咯地笑着，后来开始放声大笑。他们越笑越大声，后来亚当在地上一边打滚一边笑，本也开始打着滚笑。
莉比不想和爸爸回家。	莉比这周末要去爸爸家过。爸爸到幼儿园的时候，莉比看着他，然后迅速地移开了视线。教师让她收拾东西时，她抱怨地嘟囔着，坐在了自己的柜子前，在爸爸让她穿衣服的时候也没有动。
肖恩德拉特别喜欢画画。	今早，肖恩德拉径直走向画架，画了大概 15 分钟，用了四种颜色。她两手各拿着一支笔，在纸上这点点，那涂涂，一边画一边哼着歌。
凯莱布害怕打雷。	听到打雷、看到闪电时，凯莱布一动不动地坐着，捂着耳朵。
卡丽今天对皮特生气了！	皮特没有询问就拿走了卡丽的彩色铅笔。她眯着眼睛，直直地看着皮特，说："你应该先问我！"
肖恩在考试时很紧张。	肖恩在考试时咬着嘴唇，不停地用拳头摩擦自己的脸。

（续表）

避免解释性语言	采用描述性语言
珍妮特今天很累。	珍妮特今天在活动时间打了好几次哈欠，还在故事环节睡着了。

  你如果决定进行评论，就试探性地进行。在进行评论的时候要小心谨慎。对收集到的信息进行详尽深入的思考后，观察者有可能会发现对于信息加以解读是不适宜的。因为即便详细思考了收集的信息，观察者依然有可能无法确定自己的解读是否准确。我们永远都无法确保自己的解读是完全正确的，因为我们的解读最多也只是基于个体视角的猜测。

  假设你记录了奥布里的行为，显然他看起来非常想去水族馆，但也可能并非如此。奥布里可能只是对学校里的活动感到厌倦了，想逃脱而已。他可能对水族馆并不是那么有热情。如果你认为他很想去水族馆，做此种解读时就要加以小心。

  （评论）奥布里看起来很想去水族馆。

＊ ＊ ＊

  （观察）艾丽斯坐到座位上，胳膊交叉在胸前。她低下头，下巴贴近胸口。她眯起眼睛，看着教师。教师正在说："该把录音机放在一边了，现在是吃点心时间。"（评论）艾丽斯的身体姿势和表情，与愤怒的人很像，她可能生气了。

＊ ＊ ＊

  （观察）埃拉拿起一块胡萝卜放进嘴里，然后马上把胡萝卜朝着桌子对面吐了出来，"啊——呃——！"她皱着鼻子，吐出舌头，摇着脑袋。（思考）我马上得出结论，埃拉肯定不喜欢吃胡萝卜，但是之后听到了她说的话。（更多地观察）埃拉指着胡萝卜,胡萝卜旁边有一条从里面爬出来的虫子,"虫子,虫子!我的胡萝卜里有虫子!"(评论)我猜测是因为吃到了虫子把埃拉吓了一跳。我还是不知道她喜不喜欢吃胡萝卜,但是可以基本肯定的是,她不喜欢食物里面有虫子。

有重点地进行持续性记录

为什么要有重点

尽管持续性记录是一种开放的方式,但它并不是随心所欲的。有效、连贯的持续性记录要有重点。观察者如果头脑中没有预设的重点,走进教室就开始观察,会让人感到困惑,观察也难以进行。因为教室中发生的事情太多,如果缺乏经验,观察者就会觉得自己被看到的各种事情淹没。

所以,在观察开始前确定一个清楚的目标很重要,这意味着给观察设定一个范围。明确的重点可以让观察者对教室中的某些方面予以重点关注,对其他的方面则相对忽略。

明确的重点就像伸缩镜头一样,观察者把自己的"镜头"聚焦到特定的区域、活动或行为上。当焦距适宜、清楚时,其他的活动和刺激就可以被屏蔽,观察者的注意力就会更好地集中在所要观察的重点上。

瓦尔加斯女士和助理教师林登女士安排了早上的活动,她让林登女士负责其中的一小段时间。瓦尔加斯女士想用20分钟进行观察,关注某个孩子在早上是如何到不同的活动中的。她退到了教室的一角,把视线聚焦在她想要观察的行为上。尽管她依然能看到教室里的所有情况,但是其注意力大多是在观察的重点儿童身上,而非其他儿童身上。

选择重点

观察者可以聚焦于：某个儿童、某个活动、整个大组、发展的某个方面，或是教师。

聚焦于某个儿童

选择一个你最感兴趣的儿童，近距离地观察他 15 分钟。一些刚开始学习观察的早期教育专业的学生喜欢选择安静的儿童或独自玩耍的儿童。描述儿童的行为和表现，是一项很好的练习。

聚焦于某个活动，教室内的某个区域或材料

表 4.3 引用了一个 15 分钟的集中观察。观察者聚焦于一个 4 岁儿童的小组活动上，他们在操场的水泥露台上探究一个方形的冰块。这些孩子在制作果冻的时候发现，冰块部分地化成了水，他们对此很感兴趣，于是教师把一大块冰放到了那里。教师决定请孩子们猜测，如果在热天里把一大块冰放到那里会发生什么。

聚焦于小组活动

将重点从一个孩子扩大到整个小组。近距离地观察一大组儿童 15 分钟，看他们的点心环节、午餐环节、过渡环节，甚至午睡环节。

聚焦于发展的某个方面

观察发展的某个方面，比如观察游戏发展的阶段，或是观察儿童如何发起和他人的互动。当聚焦于观察发展的某一个方面时，会有几百种可能性，本书会谈到多个方面。

聚焦于教师

近距离地观察教师 15 分钟。他如何与儿童交谈？如何设定规则？如何重申规则？如何帮助儿童开始一个活动？如何引导生气的或有攻击性的儿童？如何组织小组或大组活动？

表 4.5 提出了进行持续性观察时可以观察和记录的行为和情境。

表 4.5　在进行持续性观察时所观察的行为和情境[1]

聚焦于某个儿童或发展的某个方面

※ 记录表演游戏中的儿童语言和行为。
※ 识别某个儿童的游戏属于何种类型：无所事事、独自游戏、旁观、平行游戏、联合游戏、合作游戏。
※ 发现儿童看起来最喜欢的活动。
※ 收集某个儿童粗大动作和精细动作能力的信息。
※ 逐字逐句地记录某个儿童的语言，记录他和其他人，包括老师和儿童的对话。
※ 记录某个儿童用语言、绘画、表演来表现自己的经验的能力。
※ 关注某个儿童在面对令人生气的事情时的反应。
※ 当有人对某个儿童表现出攻击性行为时，这个儿童如何反应？如何、何时对对方表现出攻击性？
※ 记录某个儿童如何跟别人互动。观察他是否主动和他人一起游戏或工作。记录其他人对他的反应（拒绝、接受，还是忽视？）观察他在工作或游戏时的肢体动作、姿势和表情。

※ 观察社会技能：儿童如何加入小组活动，处理冲突，维护自己的权利，向其他儿童或教师索要物品，表现出尊重的行为？
※ 观察儿童如何遵守规则。
※ 观察儿童在过渡环节的表现。

聚焦于某个活动，教室内的某个区域或材料

※ 观察一组二年级或三年级儿童在一起完成一个项目时的表现。
※ 观察较小年龄的儿童进行一个全新的活动或玩一个全新的材料时的表现。
※ 记录出门远足时儿童的语言和行为。
※ 关注儿童如何玩积木。
※ 观察儿童如何使用小型操作性玩具，比如拼接积木。
※ 观察幼儿如何玩缺了几块的拼图；观察小学生如何玩稍微复杂的拼图。
※ 观察幼儿、小学生如何玩数学类操作性材料。
※ 观察儿童如何使用计算机。

---

[1] 该表列出了你在进行持续性观察时可以观察的行为和情境。但是，它并不能穷尽一切情况。你一定可以想到采用持续性观察的更多情境。

（续表）

※ 记录儿童在室内外如何使用脏乱的材料。 ※ 记录儿童在吃点心或午餐时的语言和行为。 ※ 记录午睡期间儿童的表现。 ※ 当来访者，尤其是表现某些技能的来访者来到教室时，观察儿童的行为。 ※ 在朗读时记录有关儿童行为的信息。 ※ 在标准化测试时观察和记录儿童的行为。 ※ 在儿童参与教师发起的有关某个问题或概念的定义时观察儿童，如表 4.3。 ※ 当教师发起或主导一个活动，如为某个家长项目做准备时，观察儿童的反应和行为。 **聚焦于小组活动** ※ 记录小组儿童在清理和过渡环节的反应。 ※ 观察小组活动，确定他们的游戏类型（分类），如无所事事、独自游戏、旁观、平行游戏、联合游戏、合作游戏。	※ 描述小组儿童在探究或指示活动中是如何发挥作用的。 ※ 直接观察小组儿童，在几小时或在几天里做了三四次持续性记录后，你将如何描述他们的小组风格？普遍冷静、暴躁？还是合作性的、友好的？ ※ 记录小组儿童对消防演习等意料之外的事件的反应。 ※ 观察小组儿童对规则的反应。 **聚焦于教师** ※ 观察幼儿园、学前班、小学低年级的教师如何陈述规则。 ※ 记录教师对遵守或触碰合理、明确的规则的儿童的反应。 ※ 观察教师如何应对公开挑衅的儿童。 ※ 记录有关教师指导和规训的积极或消极的例子，不要评论，只是记录事实。 ※ 观察教师与男孩和女孩的活动以及使用的语言。仅记录事实，反思，并在适当的情况下评论教师如何公平地对待男孩和女孩。 ※ 观察教师如何示范负责地管理愤怒。

（续表）

※ 观察教师如何示范亲社会行为，如合作、互助、同情。 ※ 记录教师如何对待班级的动物，以及如何向儿童示范行为。	※ 观察并记录教师如何创设鼓励发现的环境。记录有关教师如何介绍观点、材料或有助于儿童建构知识的活动。

持续性记录的优点和缺点

持续性记录的优点

持续性记录具有一些突出的优点（Bergen，1997）。

充足的时间

持续性记录让教师有充足的时间记录重要的信息。观察者至少需要15分钟进行"迷你的持续性记录"，但是大多数情况下需要30分钟到1小时或1.5小时。这么长的时间足够教师记录充分的细节。

重点突出

早期教育专业的学生或教师采用持续性记录可以长时间地聚焦于某个孩子或课程领域，或是某个活动。

长时间的观察可以涉及多种不同的行为

较长时间（20分钟到1个多小时）的持续性观察让观察者有机会看到同一个孩子的多种行为。回忆表4.2中的例子，观察者看到肯尼选择活动，遵守规则，在水桌前与教师及其他儿童进行互动，表演摆渡船，还以非攻击性的方式维护了自己的权利。最后，观察者看到了肯尼表现出对他人的同理心。

轶事记录作为一种短时间的记录，无法让观察者看到如此多样的行为。因此，如果记录得当，持续性记录就能够提供有关儿童的充足信息。

这是持续性记录的一项优势。

包含更多细节

一位认真、仔细的观察者在进行持续性观察时，通常可以把儿童行为的很多细节记录下来。这些细节如果加以审慎的解读，就能够让观察者看到儿童之前不为人知的某些方面。

林登女士听从了瓦尔加斯女士的建议，回顾了她对拉尔夫的所有观察记录。她发现拉尔夫对于玩水有着明显的兴趣。她观察到拉尔夫在雨中抬起头走路，让雨水打到自己的脸上。他在水池边让水流过自己的手，还编了一个游泳课的故事。是的，他的确看起来很喜欢泥巴，但是这种喜欢可能只是源于他对水的兴趣。

持续性记录的缺点

第一个缺点是，观察者很可能进行不准确的解读，即得出错误的、缺乏事实依据的结论。

当拉尔夫在感官体验桌上用手把干土和水混合在一起时，林登女士看着他。她看到拉尔夫玩泥巴很开心时，很快得到了一个未经深思熟虑的结论："拉尔夫喜欢脏兮兮的活动。"

瓦尔加斯女士强烈建议林登女士认真地回顾以往的观察记录，看拉尔夫在玩一些人看起来可能比较脏乱的活动时的表现。

第二个缺点是，观察者可能无法很快地记录儿童的每个行为。再勤奋的观察者在忙于记录的时候也可能错过一些行为细节。

最后，观察者可能会疲劳。所有的观察都需要集中注意力。而持续性记录更需要观察者集中注意力，保持灵敏，长时间地聚精会神。坐在某个位置会让观察者觉得疲劳，快速地书写也会让人觉得手酸，用笔记本电脑时间太长还会损伤手腕。进行持续性记录会使观察者精疲力竭。感到累的时候，观察者的注意力就会分散，进而降低观察的有效性。

帮助你建构观察知识和技能的活动

活动 1
区分如下表述是描述性的还是解释性的。如果你判断它是解释性的，请说明原因。

- 达内尔说："不，我不想打篮球。"
- 萨姆不喜欢橙汁。
- 阿曼达在吃点心的时候伤害了安迪的感情。
- 沙鼠死的时候，丘娃很伤心。
- 扬赫递给萨姆两片苹果。

活动 2
在本活动中，你有机会撰写一篇持续性记录。你如果目前没有在幼儿班级工作，那么可以考虑观察一个公共区域，比如购物中心的就餐区。或者，可以观察一段孩子活动的视频，进行持续性记录。

撰写一篇 15 分钟的持续性记录，聚焦于儿童。首先，记录背景信息，然后进行集中观察。最后，对记录的信息进行思考，并评判自己是否避免了解释性语言。把你的解释性语言圈出来。回忆你所观察的事件，看如何把这些语言变成描述性语言。最后，决定是否要对记录的信息进行解读，还是需要更多的信息才能解读。

活动 3
撰写一篇 15~20 分钟的持续性记录。聚焦于幼儿园或小学低年级的一位教师，看他是如何宣布规则、重申规则的。首先，记录背景信息，然后进行集中观察。和活动2一样，思考并评判自己是否避免了解释性语言。你如果能清楚地回忆起当时的场景，就把这些语言变成描述性语言。最后，思考你所记录的信息，在适宜的情况下进行评论。

第 5 章　检核表和评定量表：观察儿童发展和进步的非叙事性观察方法

本章目标

1. 说明观察幼儿时所用的检核表、评定量表是什么。
2. 列出并描述使用检核表的不同方式，并总结编制检核表的指导原则。
3. 列出并描述三种不同类型的评定量表。
4. 总结叙事性观察与非叙事性观察的区别，说明为什么检核表和评定量表是非叙事性的。
5. 说明检核表和评定量表的优点和缺点。
6. 列出并解释至少三种增强检核表和评定量表功能的方法。

在学年开始时,瓦尔加斯女士和助手林登女士进行了一次计划会议,看了班上4岁孩子们的照片。那个夏天,两位教师为每个孩子进行了一次家访,因此结识了每个家庭并了解了每个孩子。

林登女士指着莫希的照片说:"莫希急切地向我展示了他的图画书。他喜欢书籍,甚至有图书馆的借书证。我发现拉尔夫的母亲是画家,父亲是音乐家。拉尔夫对颜色的混合和奇特的颜色了解得很多。他的能力已经远不止可以命名颜色,我在他的画架旁给他拍了张照片。"

"我知道你的意思,"瓦尔加斯女士说,"皮特的父母在镇上拥有托儿所,皮特可以帮助他的父亲和哥哥种植多年生植物,还可以在托儿所里找到很多多年生植物。他为我写了这个清单,甚至定义了'多年生植物'"。教师展示了一页黄色的纸,是皮特列出的植物清单,并附着有创意的拼写。

林登女士说:"我喜欢对每个孩子有所了解,我已经写了一些笔记,希望将皮特的清单和拉尔夫的照片放在他们的档案袋中。"瓦尔加斯女士说:"我同意。""这是一个很好的开始。我还想使用一些检核表来快速获取每个孩子的更多信息,以便我们进行计划。"瓦尔加斯女士浏览了照片。"我们没有那么多时间找出谁知道基本形状的名称,或者谁可以单脚跳、两脚交替跳或双脚跳,或者可以为情绪命名,这倒真的不需要很多轶事记录或持续性记录。检核表可以很好地完成这项工作。我们将与其他教师讨论评价计划。我知道,我们计划使用现成的检核表来查看每个孩子的运动发育情况。"

这两位教师在学年开始时面临着收集有关儿童需求、兴趣和能力信息的挑战。他们知道,在适当的评价基础上,可以为明智的课程和教学决策做更好的准备。他们再次通过观察获得了基本事实。这次,他们不需要太详细的信息,因此他们使用的观察方法比轶事记录或持续性记录所包含的细节更少。

瓦尔加斯女士和林登女士决定通过使用两种非叙事性观察方法——检核表和评定量表来观察班上的孩子。阿尔米和吉尼希（Almy & Genishi, 1979）称这两种方法为"捷径"，因为它们绕过了细节，不讲故事，只是检查或评价发展进度。因此，它们被称为"非叙事性观察方法"。

检核表

描述

在观察幼儿时，检核表是罗列特征或行为的清单。教师观察一组孩子，并记下每个孩子是否表现出这种特征或行为。如果孩子表现出该行为，教师就会做一个标记；如果孩子尚未表现出该行为，教师就会留出空白。检核表是确定行为是否存在的有效方法，也是获取某些类型信息的有效方法。

出于对班上儿童健康和安全的考虑，瓦尔加斯女士和林登女士希望孩子们学习和养成一些基本的健康习惯。因此，她们教孩子们的第一件事是如何正确洗手，以及什么时候需要洗手。然后，他们使用了一个简单的检核表，以确定孩子们是否遵循洗手程序。

在这个例子中，教师使用了检核表来观察儿童在实现既定目标方面的进展（Almy & Genishi, 1979）。这种通过快速观察完成的检核表产生的信息要少于轶事记录或持续性记录所收集的信息。因此，检核表是一种观察行为的方法。

例如，我们不知道金何时第一次使用了正确的洗手方法，而只知道他会了。我们不知道教师是否需要提醒拉尔夫在帮忙准备点心之前要洗手。我们阅读此检核表也不会知道拉尔夫实际上如何理解便后洗手的规定。

教师通常会设计检核表以收集少量的信息，因为他们无须了解有些事情的过多细节。因此，我们在阅读表 5.1 时所知道的就是每个孩子表现出或没有表现出的行为。

表 5.1 洗手检核表

	儿童的姓名					
	拉尔夫	金	莫希	内莉	贾丝廷	罗克珊
正确地洗手		×	×	×		×
在准备食物前洗手	×		×	×	×	
在进食前洗手		×	×		×	×
在用纸巾之后洗手			×	×	×	
便后洗手	×	×	×			×
在绘画等活动后洗手	×	×	×			
在其他时间洗手	×		×	×		

使用检核表的不同方式

会编制检核表的教师往往喜欢使用它们，因为有很多方法可以使用这种有效的观察工具。学前教师会使用检核表进行以下操作。

观察儿童的发展（Krechevsky，1998）

教师可以使用检核表观察特定的发展领域或具体领域中的某一方面，并且观察每个年龄组的儿童。以运动发展为例，婴儿、学步儿、幼儿园儿童、学前班儿童和小学儿童的教师们都可以编制检核表以收集有关儿童粗大运动和精细运动发展各个方面的信息。

教师还可以使用现成的检核表观察儿童的发展。

内利斯先生和同事计划使用多彩光谱项目中的检核表（Krechevsky，1998）观察班上的每个孩子。他们已投票决定在下学期使用它，并采用多彩光谱项目的一些评价策略。

评价、记录和反思儿童的进步

福尼尔（Fournier，1992）及其同事相信，在二年级双语课堂使用评价方法与他们的适宜性教学信念一致。因此，教师们依靠各种信息在课堂上观察和记录儿童及其作品。

教师确定了阅读和写作的目标，并将这些目标反映在他们帮助孩子成长的目标和各种识字行为上。为了回应这一信念，教师编制检核表，然后在每个季度末反思并记录学生的进步。

例如，在有关写作质量的检核表中，教师将检核自选主题，使用复习策略，进行不同风格的写作实验。当评价孩子的写作技巧时，教师将检查儿童的笔迹以及他们对句号、问号和引号的使用。他们用检核表观察儿童三次，并将其标记为"无证据""发展中"或"已达到"。检核表中还设有备注一栏。

用一张检核表观察某个孩子

使用检核表观察某个孩子的表现。使用检核表的一种方法是为每个孩子设置一个检核表。前文所述的检核表就用于对每个儿童的检核。小学教师（Fournier et al.，1992；Mobley & Teets，1992）编制了数学和写作技巧检核表，这样他们就可以用检核表核查某个儿童表现出的技能，记录他在特定课程领域中的进步。

检核表可以使教师很好地了解每个孩子在某个课程领域的发展情况。二年级教师通过查看特定孩子在数学、写作或阅读技能方面的检核表，就能反思孩子的整体进步情况。

用一张检核表观察整个组或几个孩子

许多教师使用聚焦于特定任务的单页检核表，以观察全部或多个孩子完成这项任务的情况。瓦尔加斯女士使用这种检核表评价儿童的洗手表现（见表5.1）。然后，为确定某个孩子的总体发展情况，教师会查看不同的小组检核表。

另一种有用的小组检核表是参与检核表。教师发现这类检核表很有帮助，因为它可以告诉他们很多有关孩子们对兴趣区或课堂的感兴趣情况，从而帮助教师计划课程。

表 5.2　参与检核表

日期：10 月 20 日									
儿童的姓名	戏剧游戏	阅读	画架画	粉笔画	积木	计算机	计算游戏	音乐	书写
拉尔夫	×		×		×				×
内莉		×	×			×	×	×	
皮特			×	×	×	×			
金			×		×				
莫希	×		×					×	×
贾丝廷				×	×			×	×
格里	×		×			×			×
丹妮尔	×	×					×		
卡奥	×				×	×			×
评论　在过去的两周内，只有两个孩子在戏剧游戏区游戏，孩子们通常大量使用阅读区和书写区。没有女孩玩积木，这不太寻常。									

教孩子记录他们的进步

孩子们也可以记录自己的参与情况。帕特西·富特（Patsy Foote）幼儿园的每个孩子都参与使用每日活动检核表（Foote et al., 1992）。他们用图画的方式将检核表与每个教室区域或活动相匹配。如果检核表简单，幼儿园的孩子们也可以自己记录。

使用检核表教孩子记录他们的进步。莫布利和蒂茨（Mobley & Teets, 1992）讲述了二年级课堂上孩子们如何在州指定的课本前面的技能检核表上记录其数学技能。每个孩子检查自己在每项技能上的掌握情况。作者强调，他们并不是孤立地教授这些技能。凯兹（Katz，1997）指出，评价的主要目的之一是"帮助孩子评价自己的进步"。

编制检核表的指导原则

这一部分介绍了编制检核表的五项指导原则（Almy & Genishi，1979）。

指导原则1：在开始观察之前，清晰地界定行为

确定你的问题。例如，你想知道，每个孩子是否都知道防火通道？如果教师为形状命名，孩子是否可以指出或挑选形状？如果教师指着一个形状，孩子是否可以命名该形状？孩子是否可以匹配两个相同的形状？二年级的孩子是否可以识别反义词？

定义检核表的行为通常非常简单，例如，当教师想知道孩子们是否可以命名三原色时。不过，教师有时也会遇到较为困难的工作，因为他们必须先分析任务。

教师假设想知道孩子是否受欢迎、被忽略，或被拒绝，就必须仔细研究每一种情况，并具体描述每种情况。

指导原则2：在进行观察之前，应提前准备检核表

计划单独使用检核表，或与其他教师一起使用检核表，就像瓦尔加斯女士和林登女士所做的那样。在适当的情况下，可以考虑让儿童参与设计检核表。例如，让孩子参与定义行为，让他们在"儿童的姓名"一列写下自己的名字，决定要使用的颜色或符号，或询问孩子以决定在哪里放置检核表。瓦尔加斯女士介绍了自己有关大组儿童的日常课堂任务的想法。她和孩子们制定了一份有关孩子们日常任务的检核表，孩子们提供了一些建议。

指导原则3：确保清单中的行为具有适当的特殊性

避免仅列出大类行为，将某些类别分成更小的类别单位。例如，当瓦尔加斯女士和林登女士正在编制关于情绪发展的检核表时，她们写道：

教师说某种情绪时，儿童能够指出代表该情绪的面部表情。

是_____ 否_____。

表 5.3　示例：情绪发展检核表的一部分

当教师说某种情绪时，儿童能够指出代表该情绪的面部表情。		
	是	否
开心	×	____
失落	____	×
愤怒	×	____

这里的问题是，某个孩子也许可以指出一种情绪的对应面部表情，但不能指出另外一种。例如，莫希可以识别生气和快乐，但不能识别悲伤。因此，教师可以将情绪进一步细化为更小的类别。

这样一来，他们可以更准确地检查莫希在这一领域的能力发展。

指导原则 4：有逻辑性地组织检核表

如何执行此操作，取决于你要为哪个发展领域、行为或课程领域设计检核表。项目排列有序且有逻辑性的检核表更容易阅读和使用。许多教师根据项目的难易程度排列检核表。瓦尔加斯女士安排数学检核表中一一对应关系的部分时，便做到了这一点。

表 5.4　示例：检核表的一部分

一一对应	是	否
2 个物体	____	____
3 个物体	____	____
4 个物体	____	____

（续表）

	是	否
——对应		
5 个物体	____	____
10 个物体以上	____	____

莫布利和蒂茨（Mobley & Teets，1992）编制了二年级数学技能检核表，并按逻辑排列了该检核表的项目。

表 5.5　示例：检核表中按难度排列的部分

	是	否
将单词与数字匹配	____	____
两个两个地计数或书写到 98	____	____
阅读或书写到 999	____	____
三个三个地计数或书写到 99	____	____

指导原则 5：确保检核表有助于你达到预期目的

在编制检核表之前和之后问自己："我想让这份检核表告诉我什么？"例如，你是否想知道仅发生了某种行为？如果是这样，那么你只需要列出用于核查"是"或"否"的空格。你是否还想知道孩子何时首次表现出该行为？如果是，就添加日期一栏。

莫布利和蒂茨（Mobley & Teets，1992）用数学技能检核表做到了这一点，其一小部分如表 5.6 所示。

表 5.6　示例：数学技能检核表的一部分

	是	否	掌握的日期
将单词与数字匹配	____	____	_____
两个两个地计数或书写到 98	____	____	_____
阅读或书写到 999	____	____	_____
三个三个地计数或书写到 99	____	____	_____

检核表的优点

效率

检核表有两个主要优点。首先，它高效、极其简单且易于使用。检查表是仅通过核实便可确定行为或事实存在与否的理想选择。

灵活性

其次，检核表具有很大的灵活性。例如，教师可以选择在上学期间或一天结束时核查行为。如前文所述，灵活性很明显，因为教师可以使用多种方式使用检核表。这种灵活性使教师更有可能使用检核表进行计划，以切实可行、有效地进行观察。

检核表的缺点

缺乏有关质量的信息

检核表也有两个主要缺点。首先，检核表几乎无法或很少提供有关行为质量或行为方式的信息。检核表告诉观察者某个孩子是否可以跑步，但没有指出孩子跑得快吗？动作优美吗？跑得笨拙吗？

林登女士在使用参与检核表（见表5.2）时观察到贾丝廷在画架上绘画，然后在相应的位置做了标记。教师有点沮丧，因为她所能记录的只是贾丝廷在画架上画画，她还需要通过轶事记录来捕捉贾丝廷从这项活动中获得的快乐。

没有有关频率的信息

其次，检核表没有提供有关孩子表现出行为的频率或程度的信息。例如，贾丝廷多久在画架上绘画一次？她在画架旁待了多久？她只是在画架上轻轻拍打纸张，还是穿上罩衣，卷起袖子，沉迷于绘画很长时间？

评定量表

描述

评定量表与检核表一样，是观察幼儿的"捷径"，教师会总结观察结果并对孩子的正常表现做出判断。本章介绍的两种方法被称为"捷径"，是因为它们都不要求记录原始数据。实际上，当教师需要较少信息并且不需要原始数据时，评定量表非常有用。评定量表是一种流行的观察方法，因为它可以帮助教师快速、有序地组织信息（Almy & Genishi, 1979）。

评定量表是罗列了特征或活动的列表，如孩子如何在教室或操场上打扫卫生。观察者在观察表上标记以表明自己如何评价某个孩子或某组孩子。评定既可以是描述性的又可以是数值的（定量的）。使用评定量表的教师可以展示自己观察到的内容，但是无法呈现孩子的表现质量。

评定量表的类型

这一部分描述的三种评定量表（迫选、数值和图形）要求教师做出简要判断。每种评定量表都提及了相同的行为：孩子是否参与清理。

迫选评定量表

观察者对特定行为或发展方面做出判断。在这种情况下，瓦尔加斯女士要求林登女士使用迫选评定量表，以判断每个孩子在教室内或在操场上参与清理的情况。她阅读了有关儿童参与清理情况的一组描述。然后，她被要求圈出最能准确描述某个孩子参与状况的选项。

表 5.7　示例：迫选评定量表

儿童姓名：拉尔夫
日期：11 月 10 日
地点：室内 /室外（操场）

（续表）

从下列选项中圈出对儿童参与清理情况的描述。

※ 努力清理积木

※ 除非教师严格要求，否则不停地玩

※ 不参与清理

※ 仅在教师监督时参与清理

※ (没有教师监督时，也能参与清理)

数值评定量表

在这种情况下，数值评定量表与迫选评定量表上的项目相同，观察者为列表中的每个选项分配一个数字。林登女士可以使用数值评定量表判断每个孩子在教室或操场上参与清理的情况。她会考虑每个孩子的参与情况，然后在最准确地描述她的观点的选项旁边圈出数字。她可以在观察后甚至以后做出选择。对于每个孩子，教师会使用一次或几次这种类型的评定量表。例如，林登女士可以观察孩子们在不同的日子参与清理的情况。然后，她可以计算每个孩子的平均分数。表 5.8 是她使用数值评定量表对拉尔夫参与情况的评分。

表 5.8　示例：数值评定量表

儿童姓名：拉尔夫

日期：11 月 11 日

地点：(室内)/ 室外（操场）

从下列选项中圈出对儿童参与清理情况的描述。

1. 努力清理积木

2. 除非教师严格要求，否则不停地玩

③. 不参与清理

4. 仅在教师监督时参与清理

5. 没有教师监督时，也能参与清理

图形评定量表

大多数图形评定量表要求观察者对某些行为做出判断，然后以从高到低的等级记录进行判断。在这种情况下，观察者在回忆特定儿童参与室内外清理情况后，从"总是"（高）到"从不"（低）进行评分。沿线的标记是提示，它的功能是帮助观察者确定在哪里记录有关儿童参与情况的判断。表 5.9 是林登女士对拉尔夫在两周内参与室内清理情况的评价。

表 5.9　示例：图形评定量表

儿童姓名：拉尔夫
日期：11 月 20 日
地点：室内 / 室外（操场）
通过在横线的适当位置标记来为儿童在每一项的表现进行评价。
总是　　经常*　　偶尔**　　极少***　　从不
1. 努力清理积木　　　___|___|___|___|⊙
2. 除非教师严格要求，否则不停地玩　___|___|___|___|⊙|
3. 不参与清理　　　　___|___|___|⊙|___|
4. 仅在教师监督时参与清理　___|___|⊙|___|___|
5. 没有教师监督时，也能参与清理　___|⊙|___|___|___|
*总是：观察期间至少出现四次
**偶尔：观察期间出现两三次
***极少：观察期间只出现一次

评定量表的优点与缺点

评定量表的主要优点是它们易于使用，观察者不需要太多的培训就能学习使用。观察者倾向于使用评定量表，因为可以做出判断并且不需要记录原始数据。

尽管如此，使用评定量表仍然存在三个明显的缺点。首先，当没有数据支持观察者的判断时，个人偏见总是一个潜在的问题。评定量表是最不客观的观察工具，因为它缺乏原始数据。其次，许多评价者倾向于对大多数儿童进行居中的评价，从而使这种方法在许多情况下毫无用处。最后，编制人员可能会在评定量表中使用不清楚的词语，如"频繁""不友好""极其"等。这里的问题是，不同的评价者可能对这些词语有不同的定义，因此对同一组儿童的评定可能是无效或不可靠的。

关于增强检核表和评定量表的功能的建议

检核表和评定量表是有用、便捷的观察工具，可以快速有效地提供有用的信息。但其效率本身也是教师可以避免或克服的一个缺点，可以通过许多方法来增强检核表或评定量表的功能，所有这些方法都很容易。以下内容有助于教师充分利用检核表和评定量表。

将检核表和评定量表与轶事记录或持续性记录结合使用

可以考虑将轶事记录或持续性记录与检核表或评定量表结合使用。结果会怎样呢？教师会随着时间的推移，从叙事性观察（轶事记录或持续性记录）中收集证据或数据，并将其与检核表或评定量表中的信息相关联。这种组合可以比单独使用检核表或评定量表发挥更好的作用（COR，1992）。高瞻项目教育小组（High/Scope Education Group）开发的"儿童观察记录"（Child Observation Record，COR）要求评定量表中的评定要有轶事记录的证据支持，这一组合比单独使用检核表或评定量表的作用更大。

在检核表和评定量表中添加"评论""日期"和"摘要"

检核表和评定量表无法提供有关儿童行为质量的信息,也无法提供教师什么时候见到这种行为且说了什么的信息。莫布利和蒂茨(Mobley & Teets, 1992)通过扩展检核表,增加"掌握情况"和"备注"这两栏来解决这个问题。同样,贝蒂(Beatty, 1998)构建了儿童技能检核表,其中包括"证据"和"日期"两栏。使用这些检核表的教师能够对自己观察到的内容进行简短记录,也能够记录他们首次看到该行为的日期。我们并不总是需要此类信息,但是评论和日期在某些时候很有价值。

教师可以使用"摘要"部分分析观察结果,或者至少做一些相关的笔记。例如,林登女士简要地记录了过去两周中只有两个孩子在戏剧游戏区的娃娃家游戏的情况。

编制检核表或评定量表

制订计划,以明确何时检核或评定,组织和存储表格以及分析和使用检核表和评定量表中的信息。思考何时检核或评定。有些教师在白天这样做,其他教师则认为一天结束时是更好的时机,还有一些教师认为以何种方式进行操作取决于特定的检核表或评定量表。

每个孩子的检核表或评定量表最好存放在这个孩子的文件夹或档案袋中。小组检核表最好存放在分好类的文件夹中。简易而井井有条的档案系统鼓励几乎所有教师关注检核表或评定量表,并且可以将其很好地用于促进教师的专业发展。

瓦尔加斯女士每隔两周对孩子的情况进行观察。她和助手思考她们从各种类型的观察中收集到的信息,然后在适当时对其进行解释。她们使用轶事记录和持续性记录中的信息以及检核表或评定量表评价儿童的需求、能力和兴趣,然后计划课程,制定教学和课程决策。

例如,她们的参与检核表表明孩子们很少使用戏剧游戏区(见表

5.2），这促使教师反思并在戏剧游戏区做出重大改变。她们还使用来自多种观察结果的信息为家长会和其他活动做准备。

在时间表上添加"观察"和"评价"

确定一个必须完成观察和评价的目标日期——年中会议。如个别化教育计划或个别化家庭支持服务会议，也可以是年终会议，或者是课程和教学委员会会议。无论何时何事，它们都会激发你以有组织的、系统的方式收集观察结果并进行评价。可以有意识地结合运用所有方法，并将其与你必须获得该信息的目标日期相结合。

将收集任务分解成可管理的小块，记在日历上，让观察和评价成为日常教学的一部分。这将有助于你在年初和年底大家疯狂采集各种数据但本可以避免的狂乱气氛中从容应对。

帮助你建构观察知识和技能的活动

活动 1

使用本章给出的每个评定量表（迫选、数值和图形）评价某个孩子参与教室清理活动的情况。然后，在教室内和在操场上观察这个孩子。

活动 2

继续观察你在活动 1 中观察的孩子，通过执行以下任一操作来增进你对这个孩子的了解：

- 两篇 15 分钟的持续性记录
- 5 篇轶事记录
- 关于孩子参与室内清理活动的 15 分钟持续性记录和 2 篇轶事记录

活动 3

思考你从活动 1 和活动 2 所获得的发现之间的差异。如果你想与孩子的父母面谈报告结果，那么使用活动 1 或活动 2 的结果是否会让你更有信心？为什么？

活动 4

遵循本章介绍的编制检核表的指导原则，独自或最好与他人合作，在同一间教室内编制儿童参与清理情况的小组检核表。

第 6 章　记录与报告儿童的发展和进步：作品样本、观察报告和成长档案袋

本章目标

1. 解释记录与报告在评价与评估幼儿的发展和进步中的作用。
2. 列出并解释记录与报告儿童的发展和进步的三种不同方法。
3. 列出并描述观察报告的功能。用自己的话表述为什么观察报告是幼儿教育评价过程中的重要组成部分。
4. 解释什么是儿童的早期成长档案袋，并总结其在评价过程中的作用。
5. 总结使用成长档案袋对教师和儿童的好处。
6. 命名并描述放在儿童成长档案袋中的两大类材料。
7. 总结年度成长档案袋和永久性成长档案袋之间的差异。

记录与报告儿童的发展和进步

本书第3、4、5章介绍了几种观察儿童成长和进步的方法。本章中的教师均结合使用了记录和报告观察内容的方法。他们还使用成长档案袋把对班上每个孩子的不同类型的记录集中在一起。

记录

记录是幼儿教育中的一种广受推崇的老做法（Carbonara，1961；Cohen & Stern，1983；Cohen, Stern, & Balaban，1996；Cross & Dixon，1997；Helm & Katz，2001；Katz，1995；Katz & Chard，1996）。记录为已存事实提供了"证明"，是观察过程的必要且合乎逻辑的"伴生物"。

混龄班教师内利斯先生在学年开始时注意到，戴维在写作时似乎有些犹豫。他决定通过简短的观察和有关戴维写作的一些具体实例来做一些记录。为此，他收集了写作样本，并撰写了一系列有关戴维写作的轶事记录。

记录发展和进步并非易事。它在科学以及艺术领域中的教学都是必不可少的，并且由于多种原因而变得重要（Helm，2003；Helm, Beneke, & Steinheimer，1998；Katz & Chard，1997；Krechevsky & Stork，2000）。记录提供了教师认真对待孩子的作品的有力证据，也使我们能够看到证据。

教师使用与儿童作品相关的记录来计划，然后评价课程和活动。记录儿童的进步也是在全纳课堂中为有特殊需要的儿童提供适应性课程和教学的重要组成部分（Cross & Dixon，1997；Dixon, Davis, & Schmidt，1994）。克雷奇弗斯凯和斯托克（Krechevsky & Stork，2000）领导了一个研究项目，致力于记录发生在儿童小组中的学习。

报告

认真观察并记录的教师也报告儿童的发展和进步，这也是在幼儿教育领域广受推崇的做法。像观察与记录儿童的发展和进步一样，报告儿童的发展和进步也不是一件小事。报告是一项职责，是教师工作的重要组成部分。

教师可以通过非正式接触、正式会议和正式报告向家长说明孩子的发展和进步情况（见图6.1）；向其他教师报告孩子的发展和进步情况，以便他们可以一起设计指导计划、课程表或活动；向管理人员报告孩子的发展和进步，也可能被要求向其他教师或专家报告孩子的发展和进步情况，如特殊教育小组，他们将评估对有特殊需要的儿童提供的服务。

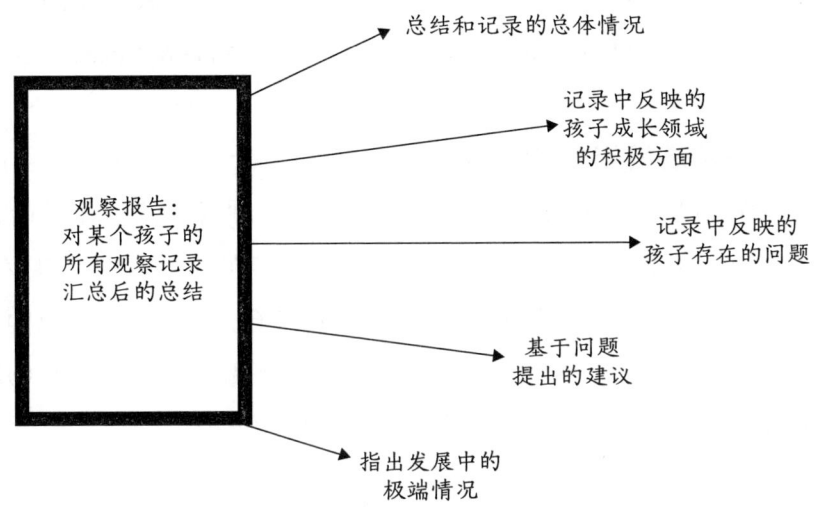

图6.1 教师用观察报告记录他们对儿童发展的观察

记录与报告儿童的发展和进步的不同方法

记录与报告儿童的作品样本

随着时间的推移，早期教育专业人员已经普遍认同，用儿童的作品样本记录儿童的发展和进步是一个好主意（Almy & Genishi，1979；Helm，Beneke，& Steinheimer，1998；Katz & Chard，1996）。在过去的十年中，教师重新使用儿童的作品样本，以更适合发展的方式评价和评估儿童的进步。

使用儿童作品进行记录可能是教学中令人兴奋的部分，因为教师可以从各种各样的儿童作品中进行挑选。例如，作品完成过程中各个阶段的儿童作品的样本、显示正在进行中的作品的照片、与儿童一起工作的教师的评论或儿童评论的抄本。罗斯科斯和纽曼（Roskos & Neuman，1994）收集并解释了儿童识字行为的样本，如书写样本。另一个例子是意大利瑞吉欧·艾米利亚（Reggio Emilia）的学前学校，他们广泛地使用照片和儿童作品样本记录儿童的经历、记忆、想法和观点（Edwards，Gandini，& Forman，1998；100 Languages of Children display；Katz & Chard，1997）。

通过展示进行记录和报告

瑞吉欧·艾米利亚的学校重新引起了人们对展示儿童作品的兴趣（Katz，1995；Katz & Chard，1996，1997）。这样的展示有助于向孩子们表明，教师很看重他们的作品。准备和展示孩子的作品会鼓励教师和孩子们回顾过去的经历，从而澄清和加强对过去经验的理解。这样的展示也便于向家长提供有力的证据，展示学校的任务和课程。

用观察报告进行记录和报告

对教师来说，用书面的观察总结来记录发展情况与收集儿童作品样本一样重要。结合使用两种记录，可以清楚地了解孩子的发展和进步。教师汇总所有观察结果（轶事记录、持续性记录、检核表和评定量表），从而获得幼儿的整体发展情况（Almy & Genishi，1979；Cohen，Stern，& Balaban，1996；Helm，Beneke，& Steinheimer，1998）。

观察报告总结和记录发展

早期教育专业的学生已有多年的学习经验,他们知道,一份观察报告总结了儿童在不同领域的发展情况(Carbonara,1961;Cohen & Stern,1983)。对发展情况的总结使教师对每个孩子的成长都有连贯的了解。这样的总结也使教师可以轻松地将此信息报告给孩子的家长。请参阅附录1中有关个体儿童最终观察报告的建议大纲。

观察报告记录了儿童成长的积极方面

教师分析并汇总所积累的观测数据,然后对孩子在各个发展领域的成长做出判断。之后,教师做出书面判断。教师不会忽略孩子需要帮助的方面,而只是说"一切都很棒"。取而代之的是,他们将报告自己的发现,记录积极的变化并客观地说出来,如下例所示。

(学步儿班级)"珍妮真的长大了!妈妈或爸爸离开时,她之前会大哭,但现在挥手道别去参加最喜欢的活动了。"

* * *

(幼儿园班级)"约翰与其他孩子接触的能力正在增强。在过去的一个学期中,他参加了许多小组游戏,并观看其他孩子在做什么,然后悄悄地加入他们的游戏。他已被其他孩子接纳。"

* * *

(小学低年级班级)"帕特里克今年在学习方面的进步令我们感到鼓舞。年初,帕特里克对课程的每个领域都缺乏信心。我们注意到,他的态度和习惯从开始写日记时发生了很大的变化。他似乎从日常写作中获得了很多自信,这很好地体现在其他工作上。"

观察报告可以记录问题

成长是一个曲折的过程,由于种种原因,一些孩子似乎要更曲折一些。要记住,孩子在成长过程中以及在学校学习时确实会遇到问题,这有助于许多教师对孩子的行为保持有益的看法。教师能够很容易地注意到孩子可能遇到的各种潜在问题。定期观察报告或最终观察报告应包括有关此类问题的信息。

（学前班班级）内利斯先生在一份年中观察报告中写下了这样的叙述，并在与詹纳的家长会面时使用了它。

"詹纳难以控制自己的情绪。我的观察表明，她需要我们帮助她学习使用词汇来表达愤怒、悲伤或失望的感觉。现在，当她感到生气、失望或沮丧时，她会大发脾气，大声喊叫或骂人。我们正在努力教她在正常但不愉快的情绪涌入时使用更恰当的词语。"

观察报告应提出建议

孩子的新教师或家长不仅需要阅读发展总结，还需要从教师那里获得合理的建议（Cohen，Stern，& Balaban，1996）。教师和家长可以基于建议一起帮助孩子。新教师也可以继续开展前一年开始的有关该儿童的工作，继续帮助孩子。

这是内利斯先生在5月份对詹纳的最终观察报告中提出的建议。

"詹纳在本学期的情绪控制方面取得了良好的进步，尤其是愤怒。她已经开始给自己的感觉贴标签了，这有助于她'停下来思考'。她仍然需要成人帮助才能找到适合自己感觉的词语。她还开始用言语表达愤怒，而不是打其他孩子，但仍然需要我们提醒她。詹纳对自己的努力感到高兴，我们认为她将在成人的帮助和鼓励下继续保持良好的情感发展。"

明年，詹纳将继续在内利斯先生的班级。内利斯先生撰写年中观察报告和期末观察报告，是因为他的助理教师有所变化，新的助理教师需要阅读每个孩子的情况。他还使用这两份观察报告与家长进行沟通。他意识到，有的孩子搬家了，他会准备一份观察报告，在需要的情况下将其发给孩子的新教师。

观察报告应指出行为或发展方面的异常或极端情况

我们是教师，没有资格诊断重大问题，但我们可以记录表明孩子正在表现出某些特定问题的行为。如果你与专业人员（学校心理咨询教师、社会工作者或儿童发展专家）合作记录并撰写报告的此部分，你就可能更有信心地谈论行为或发展方面的极端问题。

极端的行为或发展可能预示着一个真正的问题。例如，假装放火或以某种方式实际放火、残酷地对待动物、过度表达恐惧或焦虑、极端的被动或攻击性行为都表明孩子需要帮助。勇于记录并报告其行为是为孩子寻求帮助的第一步。

极端发展也可能预示着特殊才能或天赋。思考每个孩子的特殊才能，可以为教师的观察提供全新的意义。内利斯先生的同事李先生教授三、四年级的混龄班，他曾教过三年级学生萨姆，这一经历增强了李先生本已坚定的信念，即认真观察孩子，然后利用观察结果调整课程和活动以满足孩子的兴趣，特别有价值。

萨姆于 8 月转入李先生的班级。从一开始，李先生就注意到萨姆具有良好的社交能力，其他孩子也喜欢他。

然而，尽管萨姆确实完成了自己的工作，但他对阅读或其他课程领域都表现出很少的热情。有一天，李先生试图将绳索牢牢地绑在滑轮上进行科学实验，但未成功。

"嘿，老师，需要帮忙吗？"

李先生环顾四周，看到了萨姆。"当然。萨姆，你会打结吗？"

"是的。我爸爸和我都是水手！他教过我打结。"然后，萨姆熟练地打了个结，对老师笑了，甚至给这个结起了名字。

李先生发现了这个孩子的特殊才能后，将他的观察记录在一份轶事记录中，并保存在萨姆的成长档案袋中。之后，他决定使用此记录来调整课程，以尝试帮助萨姆享受学校和学习生活。他首先让萨姆教其他三、四年级的学生打结，一次打一个结。然后，全班学生展示自己打的结，并附上标签。萨姆和其他三个孩子为图书馆制作了一个有关打结的简短视频，也写了一个简短的插图手册，解释如何打出视频中显示的结。接下来，萨姆从图书馆选择了一本有关现代航行的书籍进行报告。

成长档案袋：整合

1月初，学校放假时，内利斯先生为即将与家长举行的年中会议做准备。他的学校依靠真实性评价并使用成长档案袋，将对每个孩子的所有观察结果和文件收集到一起。内利斯先生精心准备了成长档案袋，因为他意识到成长档案袋对于家长和孩子都非常重要。他发现，孩子的成长档案袋在展现他们当前的发展水平以及突出他们的学业成就方面很有效。

什么是成长档案袋

以吉尼希（Genishi，1992）、格蕾丝（Grace，1992）、古洛（Gullo，1994，1997）和迈泽尔斯（Meisels，1993，1995）为例，20世纪90年代的早期教育领域有很多关于成长档案袋的文章。这些作者一致认为，成长档案袋是收集、存储和记录有关孩子的信息的一种方便的好方法。

使用成长档案袋的教师会收集和查看孩子的作品，对有关孩子的观察记录或档案进行汇编和审查。教师可以使用成长档案袋记录孩子全年的学习进度，进而评价孩子的发展和进步，并为孩子的课程和指导做出决定（Bredekamp，1987）。

成长档案袋的产生源于人们反对采用幼儿标准化测试的运动，出于对早期教育专业人员使用真实性评价或表现性评价的需求。早期教育专业人员将成长档案袋视为真实性评价的一部分，因为它包含了真实情境下对孩子表现的观察和记录，而非人为的、测试的情境下。因此，成长档案袋是有关儿童发展和进步的发展适宜性测评和评价的一部分（Helm，2003）。

成长档案袋的优点

如果将成长档案袋做得好，就可以达成很多目的，这对儿童非常有益。建立儿童成长档案袋还可以丰富教师的职业生活。最后，阅读孩子的成长档案袋对家长来说意义重大。

成长档案袋对儿童的好处

成长档案袋和儿童的自尊

当教师使用成长档案袋时，儿童可以从中学到很多。精心设计的成长档案袋会鼓励孩子们进行自我评价（Gelfer & Perkins，1991；Grubb & Courtney，1996），这是建立自尊的一部分。自尊是在儿童早期发展的，是儿童对"自我"的一种评价（Coopersmith，1967）。当孩子检查并判断自己的能力、控制力和价值三个方面时，就会形成这种评价（Marion，2003）。

例如，一个有权选择或拒绝将某项内容放入自己的成长档案袋的孩子可能会有一种控制感。教师采用基于成长档案袋的评价方式，可以看到并追踪儿童在一段时间内的进步，直接了解他在特定领域的能力。

当孩子觉得别人喜欢自己，并愿意花时间帮助自己时，他们往往会认为自己是有价值的。当教师使用成长档案袋时，孩子们将看到教师确实会花时间仔细收集重要的作品，并且通过与他们讨论成长档案袋的内容和孩子们的想法来表示尊重。

与孩子讨论成长档案袋的技巧

帮助孩子了解建立成长档案袋的过程。

- 解释什么是成长档案袋。在学年开始的时候或者当一个孩子转到你的班级时进行解释。第8章中的表8.1显示了内利斯先生为学校安排了专门的时间，与孩子及其家长讨论成长档案袋。

  向孩子们介绍成长档案袋，让他们展示自己知道什么，可以做什么。强调孩子在为成长档案袋选择作品时所扮演的角色。
- 协助儿童建立成长档案袋。与已经使用过成长档案袋的孩子相比，刚接触成长档案袋的年幼的孩子和较大的孩子将需要更多的帮助。
- 与孩子谈论他们的成长档案袋。

乔治是内利斯先生学前班的孩子，内利斯先生观察到他用大、小积木组合搭建了一个建筑物。以前，他曾写过一些有关乔治搭建积木的轶事记录。现在，他想将这个信息放入乔治的成长档案袋中。教师给最新的建筑物拍了张照片，并与乔治进行了讨论。

这是内利斯先生与乔治谈论积木搭建的一个例子。

- "是的，这是你的建筑物的照片！你今天使用了所有最长的积木搭建车道，昨天使用了最短的积木搭建车道。如果你再次搭车道，将使用哪些积木？"
- "你可以将建筑物的照片放入成长档案袋中。这将是向你的父母展示你如何很好地解决积木问题的好方法。"
- "好，今年你搭建别的作品时，我们还可以拍摄照片并将这些照片也放入你的成长档案袋中。然后，我们可以查看所有照片，看看你搭建物体的不同方式。"

档案袋对教师的好处

通过使用成长档案袋，教师将受益匪浅——更好地了解儿童，为适合儿童发展的实践打下良好的基础，以及形成与家长交谈的良好开端。成长档案袋也可以促进教师的职业生涯发展。

记录能力的发展

成长档案袋使教师能够记录孩子的成长情况。然后，教师利用这些发展信息向家长报告孩子的成长情况。在与正在进行评价工作的特殊教育专家会面时，教师也可以使用这些发展信息。

支持发展适宜性实践

成长档案袋通过提供有关儿童发展的信息来支持发展适宜性实践（Shores & Grace, 1998）。这为教师提供了巨大的儿童发展基础，教师可以在此基础上建构适合儿童年龄和个人需求的课程。

提供课程计划和评价的记录

成长档案袋提供了教师计划课程和评价课程效果所需的记录。同时，成长档案袋使教师有机会检查其教学实践的有效性（Gelfer & Perkins, 1991; Giffin & Long, 2001; Grubb & Courtney, 1996; NAEYC, 1996）。

帮助计划家长会议

完善的成长档案袋使教师能够计划有效的家长会议（Grace, 1992）。例如，莫布利和蒂茨（Mobley & Teets, 1992）在一个二年级的教室里收集了孩子们在几个星期内的写作样本，并将样本放入每个孩子的成长档案袋中，从而记录孩子们随着时间的推移写作的进度。在家长会上，家长们看到了这些写作样本。例如，一个孩子的家长看到了儿子写作的巨大变化。今年年初，他只在皱巴巴的纸上潦草地画了几个字，现在在收集写作样本的几周中，他写了一个包含五个段落的故事。

成长档案袋也有助于教师向家长展示，孩子可能需要更多的练习或帮助。它展示了孩子的写作样本，记录了孩子写作的不连贯性。然后，家长可以与教师讨论解决此问题的方法。

帮助解释项目

教师可以使用组织有序的儿童成长档案袋向家长解释中心或学校的课程或项目。盖尔费（Gelfer, 1994）对学前儿童的家长进行了研究，以探究成长档案袋是否可以帮助家长理解学校的课程或项目。调查结果表明，孩子有成长档案袋的家长比孩子没有成长档案袋的家长更了解幼儿园的项目。

成长档案袋对家长的好处

家长也可以从成长档案袋中受益。他们与教师建立伙伴关系；通过阅读教师的观察报告，进一步了解孩子的成长。家长可以通过阅读成长档案袋中真实性评价结果来更好地了解孩子的学习成就。最后，当教师很好地使用成长档案袋时，家长就会明白孩子所在学校的目标。

成长档案袋的类型

古洛（Gullo，1994）描述了有助于教师的档案袋类型。一种是年度成长档案袋，另一种是永久性成长档案袋。教师可以考虑在两个不同的阶段建立年度成长档案袋（见图6.2）。

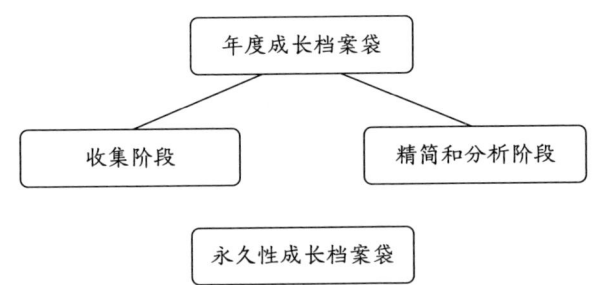

图6.2　教师使用年度成长档案袋记录儿童在本年度的进步与发展——学校可以为每个孩子保留一个永久性成长档案袋

年度成长档案袋

实际上，建构儿童本年度的成长档案袋分为两个阶段：收集阶段、精简和分析阶段。

收集阶段

在这个阶段，教师用成长档案袋收集用以评价和评估孩子的发展和进步的材料。教师可以将成长档案袋简单地看作孩子的档案，与孩子一起将他们的作品样本、轶事记录或持续性记录、评定量表、清单、音频或录像带以及其他相关的物品放到成长档案袋中。

这个阶段的问题是，将所有可能的物品放进孩子的成长档案袋中，可能会迅速使其变得难以管理且无法用于评价。教师可以通过有选择地思考来避免这一问题。你不必把每一幅画、每一个故事、每一个写作样本都放进成长档案袋，只要将那些具有代表性且有助于报告孩子发展或成就的材料放入其中就可以了。

避免被大量的学习资料淹没。采用规律且系统的方法，使收集阶段尽可能简洁。表 6.1 中的方法可以帮助你更好地组织成长档案袋。

表 6.1 合理组织成长档案袋的好方法

使用简单的方法整理资料
※ 选择普通、便宜的文件夹或盒子（孩子们可以装饰）
※ 清楚标记每个孩子的文件夹或盒子
※ 使用简单的归档系统（按孩子的姓氏字母顺序排列文件夹）
记录每个作品和观察的时间
※ 在每件材料的右上角写明日期（归档后便可以看到日期）
※ 告诉读者创建材料的时间
将材料按时间顺序放在成长档案袋中
※ 早期的材料在前，后期的材料在后
※ 节省教师的宝贵时间
※ 使教师无须再次排序就可以评估儿童的发展和进步

（续表）

将相似类别的材料放在一起，例如

※ 学年初、中期、学年末的绘画作品

※ 橡皮泥作品的照片

※ 书写样本（按时间顺序归档）

及时归档所有材料

※ 避免堆放

※ 立即归档

※ 每天结束时归档

※ 孩子可以在教师注明日期后提交作品

精简和分析阶段

如果第一阶段是收集阶段，第二阶段就是"除草"阶段。当材料的数量适宜而非庞大时，教师可以轻松地履行职责来分析数据或文件。此外，成长档案袋仅在家长或管理员愿意阅读的情况下才有效，如果成长档案袋杂乱无序，他们就不太可能去查看。

人们会对满是绘画、检核表、轶事记录和儿童自画像的成长档案袋产生反感并失去耐心。整理成长档案袋不是家长的工作。仅仅是"东西"的混乱集合而没有分析的成长档案袋是没有用的。教师的目标是浏览成长档案袋，精简数据或信息量，并将其转化为展现孩子发展和成就的连贯"图画"。

教师精心建立和分析的年度成长档案袋可以帮助他们规划课程。成长档案袋里的观察报告中包含的信息应该有助于教师评价和报告孩子目前的发展水平，并帮助他们为孩子提供良好的指导和学习计划。它还将包含教师对孩子作品进行的分析，以及完善的教师观察报告。

考虑表6.2中的建议，以精简儿童年度成长档案袋中的信息量。

表 6.2　精简儿童年度成长档案袋中信息量的建议

撰写观察报告

原因：从教师的观察记录中清除原始笔记，更便于教师展示成长档案袋中的信息。

应该多久写一次报告？ 每学期至少一次，最好两次，每半个学年一次。在学年末写一份最终报告。

保存一些儿童制作的材料

原因：清除展现同一个要点的不同材料。鼓励教师检查材料并思考它们代表什么。

分析用于保存的材料

原因：进一步鼓励教师思考保存作品的原因。

1.撰写观察报告。教师根据原始数据撰写观察报告后，可以清除原始观察检核表、持续性记录或评定量表。不要等到年底才写最终报告，在一年中的三分之一到一半的时间里可以通过至少写一份定期报告来避免学年末的压力。你将与家长一起使用年中观察报告。你会发现，年中观察报告对于反思和评价孩子的发展和进步非常有用。反思和评价使教师能够计划或调整活动、课程或指导策略。

将定期观察报告保留在年度成长档案袋中。可以附上一些经过精心挑选的材料，比如一张能很好地说明你的某个观点的核检表。不过，在大多数情况下，往往不需要包含原始记录。内利斯先生撰写了一份年中观察报告，将其放在年度成长档案袋中，用于年中的家长会议。他在学年末写了一份最终观察报告，将其放在永久性成长档案袋中。

2.保存一些儿童制作的材料。选择你或孩子认为最能说明他们的想法的作品样本。精简材料后，成长档案袋将包含你们精挑细选的儿童作品。

幼儿园教师瓦尔加斯女士为一个孩子收集了 10 幅画。她浏览了这

10个样本，并决定选择两个样本，第一个和最后一个。它们似乎可以表明，这个孩子发展过程中的重大变化。

＊ ＊ ＊

安迪是内利斯先生学前班教室里的一名儿童。教师写了一系列有关安迪跑步速度的轶事记录。他之所以这样做，是因为他惊讶于安迪良好的协调性且跑得比大多数大一点的孩子都快。在为所有学前班和一年级的孩子完成运动发展检核表后，他观察了安迪的速度和协调性。然后，他用录像带辅以书面观察，进一步记录了安迪的速度和协调性。

3.分析用于保存的材料。对你或孩子决定保存在成长档案袋中的材料进行简短分析。这种分析将帮助读者了解成长档案袋中的逻辑以及教师在组织儿童的成长档案袋时的深思熟虑。

永久性成长档案袋

如果儿童搬家，甚至转学去一所新学校，那么他可以带着永久性成长档案袋到下一个班级或年级。因此，请从年度成长档案袋中仔细选择材料，将其放在永久性成长档案袋中。本年度教师完成的最终观察报告要使新教师更好地了解孩子的发展状况以及特殊才能或问题。教师如果在一年中的其他时间写了一两份简短的报告，那么最后做一份最终观察报告就会比较容易。

儿童作品样本的选择数量有限。因此，被选择放入永久性成长档案袋的儿童作品很少，它们要清楚地表明儿童在学业、艺术或运动等方面的成就。

内利斯先生必须决定，在永久性成长档案袋中保存多少有关安迪的原始数据。他将最终观察报告放在了永久性成长档案袋中，只引用了他的原始笔记。在将最终观察报告放入永久性成长档案袋之后，他拿出了原始的观察记录。内利斯先生想强调安迪的特殊才能，因此他决定将录像带放入永久性成长档案袋中。

成长档案袋的内容

前文关于成长档案袋类型的部分提到了儿童成长档案袋的内容：

- 儿童制作的材料
- 教师制作的材料
- 偶尔来自教师或孩子以外的人的材料

儿童制作的材料
作品样本

儿童的作品样本是每个儿童成长档案袋的核心。可以被放在成长档案袋中的儿童作品包括：

- 书写作品
- 阅读日志
- 诗歌
- 录音带
- 手工作品
- 数学作业
- 儿童的对话或访谈
- 儿童创作作品的照片（如积木建构、在沙子上画画或写字、数学操作）
- 自画像
- 儿童自编的歌曲
- 录像带
- 清单

这些只是建议。仅将与每个孩子最相关的材料放在成长档案袋中，有助于教师实现使用成长档案袋的目的。

何时在班级所有孩子的成长档案袋中放入同种材料

有时，在每个孩子的成长档案袋中放入相同类型的材料是非常合适的。

内利斯先生所在学校的教师反对强制性的运动发展标准化测试。他们决定为每个孩子制作自己的运动技能检核表，并将该表放在每个孩子的成长档案袋中，因为它是真实性评价的样本，并且家长更容易理解。

* * *

内利斯先生决定放入所有二年级学生的写作作品，以便记录他们随时间变化的写作能力。他还为每个孩子提供了一个针对二年级学生的数学基本技能检核表。

* * *

幼儿园教师瓦尔加斯女士从每个孩子那里收集各种形式的手工作品，如油画、用各种材料绘制的图画、使用橡皮泥的照片或拼贴画，以记录儿童的发展变化（Gullo，1994）。

此外，个性化的成长档案袋更为适合。教师通常在关注之后记录并报告有关特定儿童的发展和进步的一些信息。在这种情况下，教师会收集该儿童的必要信息，并且通常仅收集这个儿童的信息。

内利斯先生很快意识到，二年级男孩杰布正在迅速掌握基本的数学技能。杰布在短短的时间内完成了小学二年级数学基本技能检核表中的内容。教师与校长以及三、四年级教师李先生进行了会谈，讨论为杰布提供个性化的数学学习方案。内利斯先生想把杰布发展得很好的数学技能记录下来，因此他和同事决定将杰布的数学基本技能检核表放在他升入三年级的成长档案袋中。

尽可能从孩子可以参加的活动以及所有课程领域中获得他们的作品，如年初、年中和年末的作品，以显示其随时间而发生的变化。

表 6.3 和表 6.4 将帮助你挑选放入儿童成长档案袋的材料。

表 6.3　放入儿童成长档案中的材料

明智地选择放入成长档案袋中的材料。充分关注成长档案袋的"目标"，即使用成长档案袋的目的。提出以下问题，以帮助你决定是否将绘画或书写作品或阅读日志放入成长档案袋中。

※ 关于儿童的成长情况，它告诉了我哪些有用的信息？
※ 关于孩子的学业进展，它告诉了我什么？
※ 它可以帮助我计划或评估课程吗？可以帮助我决定是否以及如何为儿童提供个性化的活动或课程吗？（Gullo，1997）
※ 它如何帮助我明智地指导儿童或做出有关纪律的决定？
※ 我是否已经有足够的记录，或者是否需要相关材料作为例子呢？
※ 儿童想把它放进自己的成长档案袋吗？

表 6.4　放或不放入成长档案袋中的材料

项目	放	不放	理由
在纸上的手印（每个孩子都做了）。		√	它对孩子来说不太重要，对教师做课程计划没有帮助。
乔恩的一系列手指印，最初有5个，之后依次有4个、3个、2个和1个（这些是他第一次尝试后在不同的课堂上完成的）。	√		它是乔恩在画板上独自做的，使他对数学感兴趣（表明他学会了比较多少）；有助于教师制订课程计划；乔恩自己要求放在里面给妈妈看。
特里的许多关于植物的问题的轶事记录。	√		它提供了有关这个一年级小学生的兴趣的信息，且教师没有其他与此有关的信息，因此它可以帮助教师制订课程计划。

（续表）

项目	放	不放	理由
教师分发的，让每个孩子给南瓜涂色的抄本。		√	这是一个浪费时间且不合适的活动，无益于孩子的发展和学业进步，对教师做课程计划没有帮助。
每个孩子都有的社会技能检核表。	√		它对每个孩子的社会技能发展具有重要影响，对教师指导每个孩子的社会技能发展都有帮助，也为教师的指导决策提供有用信息。
安东尼奥对名为"Bingo（宾戈）"的歌曲的改编，他用不同的字母代替"B"，教师对此做了轶事记录。	√		它表明安东尼奥理解了字母的发音，也显示出安东尼奥的幽默感的发展（他边拍大腿边唱为小狗改编的新名字），还有助于教师制订课程计划。这是一个真实性评价记录。

教师制作的材料

孩子们的作品样本是成长档案袋的核心，但是教师对孩子作品的分析和解释才能使成长档案袋更加连贯。教师制作的材料包括对目的的简短说明、目录、教师对作品样本的分析、观察以及教师的观察报告。

目的说明

在每个成长档案袋的前面最多用四句话简短地说明制作目的，从而让读者知道为什么会将这些材料放入成长档案袋。由此，读者将了解说明后面的其他材料的意义，也就更明白"为什么成长档案袋中有儿童在一年中的三个不同时期的画作"等相关问题。

（教师的目的说明）："这是二年级学生杰布的档案。成长档案袋中的每种材料都记录了杰布的成长和发展或他在课程中的进步。简短的符号代表了各种材料。我们学校还让每个孩子参与其成长档案袋的创建，因此杰布亲自选择了许多物品，并同意将这些物品都放在他的成长档案袋中。"

目录

简洁，实用。目录最好占整个页面的一半左右。列出成长档案袋的不同部分，便于家长了解自己期望看到的部分，从而知道展示的顺序。将每页连续编号，包括教师的观察笔记、教师关于课程领域的笔记以及孩子的作品样本。表6.5显示了内利斯先生为杰布的成长档案袋所做的目录。请注意，有关数学的页面很多。

表6.5　成长档案袋的目录

杰布的成长档案袋（二年级）	页码
教师（内利斯先生）的观察报告	1~2
课程领域	
数学	3~10
语言艺术（包括阅读）	11~12
社会研究	13~14
科学	15~17
杰布对自己的作品的评论	18

教师对儿童作品样本的分析

筛选儿童的作品，进行分析，然后报告调查结果。有时，教师可能会以一组简短的注释撰写分析，以便读者理解作品。

内利斯先生针对杰布在数学技能方面的进步写了一组简短的注释，这些注释已分别记录在二、三年级数学技能检核表中。他在两份检核表上加上了这些话。他是这样写的：

"1月10日。杰布似乎很喜欢数学，并且可以快速、轻松地理解数学概念。杰布在放假前完成了二年级数学基本技能检核表。他已经开始使用三年级的数学教科书。现在，他可以顺利地完成三年级的基本数学技能检核表，我已将其附上。"

与家长仅看两个检核表相比，这种附在儿童作品样本上的简短注释对家长的帮助要大得多。它表明，检核表记录了杰布在特定课程领域中的能力，且教师已经对它们进行了检查和分析。

平时，教师可以在另一张纸上写有关课程领域的总结评论，然后将课程领域报告放到成长档案袋中，并将其放在该课程领域中的所有作品前面。或者，教师可以写一份多页的有关儿童在课程领域进步情况的报告，并将其放在课程领域的作品之前。内利斯先生将为5月份的最后一次家长会撰写课程领域报告。

教师的观察

这包括教师所做的所有观察，如轶事记录和持续性记录、检核表和评定量表。教师可以在一年中的适当时间撰写定期观察报告（Meisels，1995），然后在年底撰写一份最终观察报告。

内利斯先生第一次见到杰布非常容易地掌握数学概念时，他就决定做一系列轶事记录以配合该学区要求的检核表。他打算每周至少写一份有关杰布学习数学的轶事记录。但他实际上写得更多。

* * *

在1月份的家长会上，内利斯先生与杰布的家长会面。他把有关杰布和数学的轶事记录与数学基本技能检核表结合在一起，形成了一份年中报告。以下是他的定期观察报告的内容。

"除了数学技能检核表之外,我还观察并记录了有关杰布如何学习数学以及从中获得的乐趣的信息。他自己创建了一个数学笔记本,用于收集所有与数学相关的思考。虽然他也喜欢其他课程领域,但是他尤其偏爱数学。杰布经常在完成其他任务后拿出数学笔记本。他似乎在思考一个概念,然后让我澄清一些观点或让我知道他了解的一些东西,或者向我解释。"

"他现在偶尔会给其他人讲数学,但是讲的时候很平静、流畅、谦虚。他不会因为自己掌握的数学知识而自大。其他孩子,甚至是三年级学生,似乎也没有受到杰布的能力的威胁,主要是因为他没有骄傲自大。"

其他人的材料

有时,教师可能希望成长档案袋中包括教师或儿童以外的人做的材料。它们可能包括专家的材料。例如,教师可能会纳入语音专家和听力专家的筛选测试。即使如此,教师也只能在儿童愿意的情况下将其与成长档案袋中的相关内容放在一起。教师应该书面解释这一材料被放在成长档案袋中的原因。

确保专家为成长档案袋做出的任何报告都不含术语。专家还应避免做出家长可能不理解的评论。再次,教师应该带头确保儿童档案袋的所有要素都易于理解、书写清楚且对儿童和家长是有帮助的。

成长档案袋适用于所有年幼儿童

成长档案袋最初被用于大一点的孩子(Genishi,1992)。但是,成长档案袋也适用于评价整个幼儿期的儿童。教师可以使用成长档案袋来收集有关婴儿、学步儿和学前儿童的信息,就像教师可以使用成长档案袋来收集年龄较大的儿童信息一样。年龄较小的幼儿的成长档案袋与年龄较大的儿童的成长档案袋似有不同，但目的是相同的（Grubb & Courtney，1996）。

婴幼儿教师会将他们关于婴儿或学步儿的观察笔记存放在成长档案袋中，同时也收集并保存检核表、评定量表以及轶事记录或持续性记录——无论教师使用哪种观察方法。然后，教师将分析数据并撰写相关报告，就像对待年龄较大的儿童一样。婴幼儿教师也需要向家长报告儿童发展信息，成长档案袋的使用将有助于他们达到这一目的。

年龄很小的孩子的成长档案袋将包含孩子的活动实例，就像年龄较大的孩子的成长档案袋包含其作品一样。教师需要观察并记录婴幼儿的游戏。

学步儿教师汤普森先生使用成长档案袋。他在观察水中的霍华德，并拍摄了一张照片放在霍华德的成长档案袋中。他给照片加上了日期，并在上面写了一张便条："霍华德今天在水中嬉戏。他似乎很喜欢水。他是在米娅旁边玩的。"

教师还让霍华德画了一幅油画，然后将其放到他的成长档案袋中。教师计划在家长会上向霍华德的家长展示。教师还记录了霍华德从年初到家长会所玩的各种益智玩具，并写了一份总结来描述这意味着他的哪些变化。

帮助你建构观察知识和技能的活动

活动 1

以下是一些成长档案袋中的材料示例，请以书面形式说明它们各自的用途。

  📖 幼儿凝视并伸手接教师吹的大泡泡的照片

- 二年级学生的写作作品
- 教师绘制的线描草图，说明幼儿园儿童如何使用数学运算
- 一个三年级学生写的一系列俳句诗（孩子们学习俳句诗后就自己写。所有孩子都各自写了一首诗，但他是班上唯一一个独自写了多首诗的孩子）
- 婴儿粗大动作技能发展检核表
- 从教师笔记中抄录的报告，采访对象是 4 岁的孩子，他将"无限"解释为"起初，你得到了一些；然后，你会得到更多；接下来，你将继续获得更多"
- 三年级女孩选择阅读的有关狼的图书馆书单，其中一些是参考书（教师敦促孩子们读一些他们真正想知道的东西），她参照其中一本书中狼的照片画了一幅素描画

活动 2

自愿帮助教师创作有趣的儿童作品展示，即纪实展示。内容取决于教师要记录的内容，例如，展示孩子们进行数学操作的照片，包括解释图片的说明性文字；展示儿童创作的橡皮泥，实物或照片都可以；展示儿童的画架画。

第三部分
应用观察

第一部分和第二部分描述了观察的力量，解释了符合道德规范的观察方式，并详细阐释了主要的观察方法。第三部分着重阐述运用观察实现不同的目的。

第7章 **观察行为：破解密码**。儿童的行为就像密码，你能用观察破解密码，从而明白导致你失落、愤怒、开心的儿童行为的含义。在本章，你将了解观察儿童行为的几个原因。例如，你可以将观察儿童的行为作为处理儿童的问题行为或困难行为的第一步。你如果进行了有效的观察，就会更自信地应对具有挑战性的情况。

第8章 **基于折衷取向观察儿童的动作和认知发展**。早期教育教师的主要目标之一是发现并培养儿童的优势。本章将阐述如何基于折衷取向，也就是说，选择一个或多个有助于获得儿童发展信息的观察方法。它聚焦于儿童发展的两个领域，即粗大动作发展和认知发展，进而阐释如何在这两个领域基于折衷取向收集信息。你将看到奥克劳文学校的早期教育教师如何运用不同的观察策略获得有关儿童在这两个领域中发展能力的准确信息。其中，一些方法所用到的工具是教师自编的，一些是现成的。

第9章 **基于折衷取向观察儿童的情绪和社会性发展**。教师用大量的时间了解如何帮助悲伤的、愤怒的，或开心得无法集中注意力的儿童，同时关心儿童的关系、游戏、与人相处的能力。与第8章相似，本章基于折衷取向观察儿童的情绪和社会性（关系）的发展。你将了解，如何用非正式的、现成的、教师自编的观察工具观察和记录儿童在这两个领域的发展。

第10章 **用观察预防和解决问题。**作为反思型教师，你将凭借自身能力对遇到的困境做出积极、有意识的选择和决定。本章将促使你调整态度，说出"这是个问题，但我可以找到解决方案"。作为诚信尽责的反思型教师，你会将观察视为预防或解决问题的最有价值的技能之一。本章将证明观察在解决问题中的力量。你将看到，奥克劳文学校的早期教育教师如何选择观察策略，以获得最有助于解决问题的信息。

第11章 **基于观察的反思型教师。**有效的教师会自我反思，也会反思其他人的实践，也就是说，他们会查看和思考他们的实践。在本章，你将了解反思型教师如何用观察和评价检视或思考自己的实践，看到奥克劳文学校的早期教育教师自愿地进行系统的反思。就像所有反思型教师一样，他们不害怕检视自己的实践。你将学习用特定的观察工具反思自己的实践，也将有机会评估自己的反思能力。

第 7 章 观察行为：破解密码

本章目标

1. 总结观察在托幼中心和幼儿园教育中的权威性作用。
2. 列出、解释并举例说明观察儿童行为的几种原因。
3. 确定压力、虐待和忽视儿童的行为指标。
4. 解释对儿童的行为提出具体问题的作用。

权威型照护和观察（案例研究）

"退缩，那就是我所说的。"助理教师总结道。班主任瓦尔加斯女士后来反省了关于班上三个4岁的孩子，即卡尔文、切尔西和乔丹的举止的结论。她同意，他们的行为似乎确实表明他们都有一定的退缩性行为[1]，但是他们的表现方式非常不同。

卡尔文

卡尔文独自打球的次数很多，但并非所有时间都是这样：他似乎并不担心自己没与他人一起打球。实际上，他自己玩得似乎很自在，他通常会很快选择一项活动并投入进去。他安静地工作时偶尔会环顾四周。他对其他孩子没有攻击性，如果他们在他附近玩耍，他也不反对。

切尔西

切尔西非常安静地参加了小组活动。在个人选择期间，切尔西通常站在游戏小组的边缘或某个区域的入口处，在调查活动时她经常咬嘴唇或握紧拳头。瓦尔加斯女士观察到，当她远离人群时，她的眼神中经常流露出难过和沮丧的神情，而不是曾经那充满希望的表情。这个孩子的母亲还说，切尔西在与陌生人见面时（如在夏季的小组游戏中、操场上或在芭蕾课上）会异常紧张。

乔丹

就在学年开始时，教师们注意到乔丹对其他孩子有攻击性行为，而且这种攻击性行为常常是无端的。他闯入小组游戏，似乎不注意当时其他人在做什么。无论是在大集体还是小集体中，他都感到难过，因为他的问题或评论经常脱口而出。其他孩子已经不再与乔丹玩耍或聊天。

瓦尔加斯女士致力于帮助每个孩子。她意识到，对于退缩性行为，没

---

[1] 请参阅藤木凌子（Fujiki）、布林顿（Brinton）、摩根（Morgan）和哈特（Hart）于1999年对退缩性行为的研究综述。

有唯一的答案。她将观察卡尔文、切尔西和乔丹，并尝试获取有关每个孩子的更多信息。她和其他早期教育专业人员知道，观察儿童的行为并不能提供简单的答案，但确实可以提供信息，教师可以据此做出有关如何支持儿童的明智决定。

助理教师的结论是正确的。这三个孩子似乎都是退缩的，但要由教师来确定这些孩子在退缩性行为上的差异。瓦尔加斯女士愿意尝试破解"密码"，揭开他们的退缩性行为的形成原因，从而让教师们都可以帮助他们。

观察儿童行为的原因

促使权威型教师观察儿童行为的几个因素：

- 儿童用行为交流
- 儿童通过行为表现自己的优势
- 儿童的行为经常突出他们的特殊需求
- 儿童的行为为问题行为提供了线索
- 儿童的行为会呈现他们的情感、压力以及受虐待和被忽视的迹象

儿童用行为交流

一个 3 岁的孩子高兴地旋转着，试图抓到雪花。当他攻击另一个孩子时，那个孩子气得脸色发红。当一个 5 岁的女孩坐在工作簿页面上时，她用头发紧紧地缠绕着手指。一个同班的男孩低下头，他的头几乎碰到了他的工作簿，他从一侧转向另一侧，目光注视着其他孩子的书页。最后，眼泪落在他的页面上。一名一年级的学生，头略微前倾，一只手扶着臀

部，另一只手挠挠头，睁大眼睛惊讶不已，嘴巴呈 O 形，盯着动物园里的大猩猩。

挠头、睁大眼睛、担忧的表情、眼泪、缠绕、微笑、红红的脸庞和紧握的拳头。这些孩子中没有一个说出一句话，但是他们都毫无疑问在进行交流。他们的手、脚、面部表情和肢体动作就像言语一样交流。当然，年幼的孩子也会用言语交流。他们也有可能告诉我们他们正在经历什么，感觉如何以及他们对行为的看法。

敏锐的教师知道，行为有其意义，观察行为是教学中必不可少的技能。

教师汤普森先生观察到保罗伸手，用一根手指非常轻柔地抚摩着阿莉莎的红色卷发，就像一个人小心翼翼地抚摩着湿油漆一样。保罗向后退去，看着他的手指，困惑得眉头紧锁。

* * *

幼儿园教师瓦尔加斯女士观察切尔西向父亲弯腰的动作。然后，切尔西轻声地对着父亲的耳朵说话，父亲则帮助她在到园时脱下外套。她笑了，然后在下车前给了爸爸一个拥抱。爸爸对教师说："今天下午，我们为她哥哥举办生日聚会，她看起来有点兴奋。"

* * *

菲利普是内利斯先生班上 7 岁的孩子，于 9 月份转到这所学校，并与另外两个男孩成为好朋友。他通常对上学表现出热情，但是 3 月的一个星期一的早晨，内利斯先生看着菲利普慢慢地走进教室。这个二年级学生精神不振，低下头。他什么都没说，对其他孩子的问候也没有回应。教师问他怎么了，菲利普慢慢抬起眼睛，看着教师，然后扭过头去，低声说："我们又要搬家了。"

保罗、切尔西和菲利普都主要通过身体和行为进行交流。保罗似乎对阿莉莎的红发感到好奇，但肯定不是恶意的；切尔西的举止和面部表情告诉我们，她看起来很兴奋和快乐；菲利普的行为和肢体语言表现出了他的悲伤。

行为是一种密码，就像鲸鱼那美妙而奇特的语言中的密码一样。科学家们为破解鲸鱼声音中的密码进行了很长时间的研究。想要破译鲸鱼的密码信息的科学家必须先了解密码，才能知道它的含义。

孩子的行为也是一种密码：表达他们的需求的方式。教师与孩子互动时承担更大的责任，也需要进行密码转换。他们必须将注意力从成人式的使用语言表达情感和思想，转变为儿童式的用行为交流感受和想法。教师要认真对待这部分工作：观察孩子的行为密码，然后尽可能准确地进行解码。

观察行为以发现并培养儿童的优势

观察，解码，然后反思和解释行为的目标之一，应该是发现并培养孩子的优势。观察中含有任何操纵孩子行为的意图都是不合道德的。诚信尽责的权威型教师会通过观察行为，发现孩子喜欢做什么或可以成功地做些什么。当观察挑战性行为或由压力造成的行为时，记住这一点特别重要。

通过轶事记录，三、四年级教师李先生记录了三年级的吉姆在进行大组教学时集中注意力很困难。李先生还记录了吉姆独自一人或在小组工作时能够更加专注。他注意到，吉姆似乎天生是小团体中的领袖。在确定了两种优势之后，即在小组中集中注意力的能力和领导能力，教师制订了一个计划，以发挥吉姆的优势。

* * *

内利斯先生在桑迪（6岁10个月）与另外两三个孩子的小组互动中对她的行为做了轶事记录。结论是，桑迪聪明、开朗、受欢迎且善于观察，非常擅长与班级中几乎所有孩子打成一片。她看起来具有良好的人际交往能力（Gardner，1993）。

例如，内利斯先生观察到，桑迪阻止了一个阅读小组的争吵。伯特读完书，轮到了萨拉，戴夫大喊："轮到我了！"桑迪看着小组中的每个孩子，仿佛在想什么，然后指着伯特说："哦！看，戴夫，伯特刚读。萨拉坐在伯特旁边，下一个轮到萨拉了。"然后，桑迪对戴夫笑容满面地说道："萨拉之后就是你！"戴夫点点头，说："哦，是的，好。"

观察行为以评估特殊需求

观察行为在评估儿童可能有的特殊需求中起着重要作用。例如，兰多和麦卡宁奇（Landau & McAninch，1997）提倡用一种多维的方法评估注意力缺陷多动障碍（attention-deficit hyperactivity disorder，ADHD，俗称多动症），包括系统地观察孩子在教室或游戏场所的行为，即在自然的环境中进行评估。教师花时间对孩子在任务中或任务完成时的行为所做的评价，可以直接提供有关孩子机能的信息。多动症的行为指标请参见表7.1。

表 7.1　多动症的行为指标

> 我们需要非常谨慎地对待诸如"多动症"之类的标签。
>
> 教师可以观察行为，但我们没有资格或执照将任何一个孩子诊断为多动症。我们还必须注意教室的布置以及课程的结构，因为不合适的布置可能会导致孩子表现出类似多动症的行为。但是，通过观察和记录孩子的行为，我们可以与负责诊断特殊需求的人员合作。
>
> 下面列出了多动症儿童的一些典型行为。教师很清楚，直到童年后期，大脑控制注意的部分才获得充分发展（Shaffer，1996），因此幼儿通常难以集中注意力。
>
> 然而，患有多动症的儿童会更频繁地表现出这些行为，比同年龄和同发育水平的其他孩子要严重得多。我们能够预期，只有3%~5%的学龄儿童患有多动症。

（续表）

> ※ 抢话[1]
> ※ 很容易分心
> ※ 坐立不安
> ※ 说话过多，难以安静地玩
> ※ 难以集中注意力
> ※ 犯粗心大意的错误，不注重细节
> ※ 难以聆听和遵循指示
> ※ 干扰或攻击他人
> ※ 不耐烦

来源：AACAP (1999). Children who can't pay attention/ADHD. *AACAP facts for families*, Fact Sheet.

在教室的自然环境中，观察行为是一种获取有关当前行为数据，然后将该信息与其他来源（如父母）中的数据相结合的极好方法。作者也提倡观察班级中孩子的同性同伴行为。例如，"乔（有多动症的症状）在数学任务中将 20% 的时间用于完成任务，而其他男孩在数学任务中将近 90% 的时间用于完成任务"。

即使孩子表现出这些行为，也并不意味着他患有多动症。对于行为，总是有不同的解释。例如，孩子可能是感官整合信息的能力受到了损害（American Academy of Child and Adolescent Psychiatry，AACAP*）。只有获得执照的心理学家或精神科医生才有资格做出官方诊断。

---

[1] 一些观察者喜欢统计某些已被明确定义的行为出现的次数，如不等问完问题就说答案的行为。观察者将行为记录在一张纸上，然后在他每次看到该行为时都做标记。例如，观察者在"脱口而出答案"旁边记录 5 个标记，表示孩子已经表现出 5 次这种行为。

* 即美国儿童青少年精神协会。——译者注

观察行为是应对问题行为的第一步

教师每天都要处理普遍的纪律问题（Marion，2003）。他们还要应对困难行为或问题行为（Kaiser & Rasminsky，1999；Marion & Swim，2001）。如果涉及伤害他人或破坏公物的问题行为，那么教师显然有责任阻止行为并消除威胁。因此，应对问题行为的短期目标是保护儿童并表达期望。

教师还有一个长期目标，就是帮助有问题行为的孩子学习更积极地与他人互动的方式。教师观察到一个孩子有问题行为，就像瓦尔加斯女士对卡尔文所做的那样，以此作为支持孩子的起点。

支持性教师知道问题行为是复杂而令人费解的，没有简单的解决方案。他们不会轻易对不当的行为做出反应，例如，在儿童刚表现出问题行为的迹象时就动用惩罚。相反，他们会仔细观察儿童的困难行为或问题行为，以确定导致其不当行为的因素。他们意识到，问题行为是孩子发出的声音，他们在拼命地告诉我们他们的需求。

仔细观察孩子的困难行为或问题行为，它将告诉你如何帮助孩子。儿童表现出问题行为可能是因为（Educational Productions，1998；Kohn，1996）：

- "我有未被满足的需求，请帮助我满足这一需求。"
- "我需要一种自己还不具备的技能，请教给我这个技能。"
- "教室、日程表或课程表中的某些内容不太适合我，您能帮我解决这个问题吗？"

环境不适宜儿童的例子

李先生意识到，班级时间表不适合某些孩子。然后，他检查了自己的教学实践，重新安排了时间表并调整了教学方法（Kohn，1996）。

李先生的新时间表使孩子们可以按照自己的节奏进行工作。孩子们意识到，他们必须在指定的时间内完成课程安排表，但他们可以选择完成课程的顺序以及地方（Pelander，1997）。这种方法似乎对李先生班上的孩子具有发展适宜性，并帮助了许多孩子，包括吉姆，因为当教师让所有孩子同时做同一件事时，吉姆很难集中注意力。

缺乏特定技能的儿童的例子

李先生尽管制定了适宜的新时间表，但他意识到，其中一个男孩在新的安排中表现出了问题。罗里是个非常能干、聪明的三年级学生，他可以快速地完成作业，与其他孩子相处得很好，能够友好地互动，不会对别人造成任何干扰。但是，教师注意到罗里在完成作业后似乎不知道该做什么。他不再选择下一个活动，而是在教室里晃来晃去，自然地制造了混乱。

李先生在观察罗里的行为后，判断他缺乏特定的技能。罗里似乎不知道该如何停下来看看可以选择的活动列表，然后选择下一个活动去做。李先生决定简单地向罗里教授这项技能（Marion，2003）。他教他如何停下来（划掉刚刚完成的东西），观察（其余的可选活动），然后选择（下一个活动）。在罗里使用这项技能的前几次，李先生对他进行了指导。

儿童未被满足需求的例子

一整天都在下雨，瓦尔加斯女士班里的孩子们无法出去玩。因为孩子们似乎在一个有很多人的小组中异常躁动，所以她将小组活动改为齐步走、就地跳跃和就地奔跑。然后，瓦尔加斯女士将小组活动转移到图书馆，以便孩子们有机会走走。那天晚些时候，孩子们伴着柔和的音乐进行了四次简单的瑜伽伸展运动。

教师意识到，孩子们的运动需求未得到满足。在小组活动中增加体育活动、在建筑物中散步、做瑜伽伸展运动可以满足他们的这一需求。儿童有许多基本需求，如休息、食物、安全、游戏、接受、爱和锻炼。权威型（即回应迅速）教师会通过观察孩子的行为真正地尝试适应这些需求，进而尽可能地满足孩子的需求。

观察行为以识别儿童的情感、压力或受虐待和被忽视的迹象

观察行为以识别儿童的情感迹象

权威型教师了解孩子的成长，意识到幼儿也有情绪，并且儿童在幼儿期经历的情绪会不断增加。不仅如此，观察行为的教师会很快看到，不同的孩子会以不同的方式表达相同的情绪（Fabes & Eisenberg, 1992）。

瓦尔加斯女士观察到孩子们对某个孩子频繁地从他人手中抢东西这一行为的几种不同反应。拉尔夫通过积极抵抗表达了他的愤怒，也就是说，他宣称自己不会侵犯别人，只是要求内莉归还他的魔术标签。辛迪的发泄行为表达了更大的愤怒，她坐在地板上哭起来，满脸沮丧。贾丝廷通过说出对内莉的不满表达了愤怒："你太讨厌了，内莉！你不能参加我的生日聚会！"

瓦尔加斯女士还注意到，三个"退缩"的孩子（卡尔文、切尔西和乔丹）的行为表现表明，他们对自己不和别人一起玩有不同的感觉。卡尔文的举止似乎表明，他对独自玩耍感到放松。切尔西的举动则暗示着对自己不与其他孩子一起玩耍的焦虑。

观察行为以识别儿童的压力迹象

表 7.2 列出了几种行为，表明孩子可能正在承受压力。通常，我们怀疑有些事情困扰着孩子，但不知道原因。但是，教师可以看到孩子明显的压力行为。例如，内利斯先生观察到，其中一个男孩在做任何类型的书面工作时都咬紧牙关，紧紧地挤压铅笔。在小组教学中，这个孩子还反复用一只手摩擦另一只手。瓦尔加斯女士注意到切尔西站在游戏小组的边缘，抬头时咬住了嘴唇。

表 7.2　幼儿压力行为指标

孩子们向我们展示了他们正以多种方式承受压力。

对压力的反应可能是被动的
- ※ 过度疲劳
- ※ 退缩并将头搭在桌子上
- ※ 过度恐惧

当仅涉及儿童的行为时，对压力的反应可能会更明显
- ※ 咬指甲
- ※ 摆弄自己的手或嘴
- ※ 重复的身体动作 [1]

当孩子与他人互动时，对压力的反应可能会出现
- ※ 口吃
- ※ 欺凌、威胁或伤害他人
- ※ 紧张、不当的笑声

当孩子摆弄物体时，对压力的反应可能会出现
- ※ 过度挤压或敲击铅笔、记号笔、蜡笔
- ※ 笨手笨脚

来源：Hart，Burts，Durland，Charlesworth，DeWolf，and Fleege（1998）；Brodeur and Monteleone（1994）；Selye（1978）。

---

[1] 时间采样：一些观察者想要确定儿童在特定时期内是否发生了特定行为，因此选择一种特定的行为，例如，在标准化测试过程中重复的身体运动，是诱发许多幼儿的压力情境。观察者选择特定的时间段，如 3 分钟，并在一张纸上用 15 秒间隔（12 个间隔）的方式画出这个时间段。观察者如果在某一时间间隔内看到特定行为，就将其标记为"✓"；如果看不到该行为，就将其标记为"0"。观察者如果在标准化测试的 3 分钟内观察了一个孩子，并且总共标记 8 个"✓"，就很可能得出结论，这个孩子在测试过程中表现出明显的压力迹象。

就孩子的压力引起的行为而言，教师要记住的重要一点是，行为是问题的征兆，这不是孩子造成的。处于压力下的孩子需要帮助，而不是主观判断，当然也不是惩罚，有些教师会观察到诸如攻击性（通常是压力的迹象）之类的行为，由此只是惩罚孩子。他们倾向于惩罚这种行为，但却忘记了压力会导致愤怒或攻击性行为。

另外一些教师更喜欢避免惩罚，采取解决问题的方式（Kohn，1996）。为了寻求解决问题的方法，避免惩罚，教师就需要仔细了解挑衅或好斗等行为。

诸如欺凌或攻击之类的行为通常表明孩子承受着巨大的压力。像往常一样，权威型教师通过高要求和迅速反应来应对这种行为。在面对好斗的孩子时，他们通常使用积极的管教策略。他们还通过识别、确认和应对压力下的行为，润物无声地满足攻击性儿童的需求。

观察行为以识别儿童受虐待和被忽视的迹象

认真观察甚至可以帮助教师确定受虐待或被忽视儿童的行为指标。由于这类儿童的情况多种多样，因此许多不同的行为指标取决于他们的具体类型和严重程度。表7.3列出了一些这类儿童的主要行为指标。任何一项指标都不能最终表明他们受虐待或被忽视。但是，教师通过将观察行为模式、行为的突然变化或行为指标与受虐待或被忽视的身体指标相结合（见第8章），就可能会发现受虐待或被忽视的孩子。

表 7.3　受虐待或被忽视的儿童行为指标

婴儿期
※ 尖厉的哭声
※ 消极地警惕（过度安静地躺在婴儿床上并专心观察周围的环境）
※ 对玩具缺乏兴趣
※ 坦然地接受损失

（续表）

婴儿期后
※ 看似超乎实际年龄
※ 缺乏游戏能力
※ 超出年龄和发展阶段的脾气
※ 低自尊——其行为方式表明，他觉得自己没有能力或控制力，不值得别人注意
※ 退缩——可以但并非总是意味着受虐待
※ 对同伴、动物、成人和自己长期具有攻击性或明显的敌意
※ 过度的消极警惕
※ 强迫或努力控制生活中的某些琐碎小事
※ 害怕失败
※ 难以听从或执行指令
※ 难以组织思想并使其概念化、言语化
※ 表现出退行性行为，如尿床、吮指、说儿语
※ 社交能力匮乏
※ 极度害羞
※ 偷窃或囤积食物
※ 对他人没有或很少有同理心

来源：Brodeur & Monteleone (1994)；Tower (1999).

关于行为的五个问题：人物、事件、时间、地点、原因

迈克尔行为的背景

迈克尔是内利斯先生的一年级学生，他一直是一个快乐且受到良好照顾的孩子，自2个月大以来就一直与作为养父母的姨妈和姨父住在一起。迈克尔的亲生母亲定期探望他，直到3个月前，她还在一家精神病院接受

治疗。在法庭的许可下,她在 1 个月前将迈克尔带回了家。内利斯先生预期到会有一段调整期,但他最近观察到迈克尔的某些行为,这让他特别担心。他在两周内做了一系列简短的轶事记录(迈克尔那时与母亲住了大约 2 周)。

迈克尔行为的观察概要

像往常一样,迈克尔和所有其他孩子一起在学校吃早餐。当迈克尔在过去的两周里开始要双份早餐时,内利斯先生最先发现,迈克尔的行为发生了变化,因为这是他过去从未做过的事情。午餐时,迈克尔偷偷地开始尽可能地从托盘中拿出所有食物,塞进口袋,然后在午餐后回到教室时将其转移到背包中。就在上一个星期五,迈克尔再次要了双份午餐,然后把多出的食物塞进口袋里。

迈克尔的行为逐渐变化,一开始令教师感到惊讶和困惑,但这一变化在星期五令人震惊。内利斯先生理所当然地担心迈克尔行为的突然改变,即囤积食物。仔细的观察(记录在轶事记录中)使他能够解读迈克尔的行为。人物、事件、时间、地点、原因,这五个问题可以帮助权威型教师理解儿童的任何行为。

谁有这种行为

只有一个孩子参与其中,还是有其他孩子参与其中?如果涉及其他人,他们是成人、孩子,还是两者都有?即使孩子是唯一的受害人,这种行为与动物有关吗?其他人是谁?如果这是反复发生的行为,通常会牵涉相同的儿童或成人(或动物)吗?

迈克尔的行为涉及谁

迈克尔是唯一这样做的孩子。他从不要求别人帮助他,他只带自己的食物。但是,他确实与其他孩子交换食物,比如用苹果酱换饼干或水果。

发生了什么

观察者仔细记录了行为的确切性质。如果可能，那么观察者会记录行为发生之前的事情，然后记录行为发生之后的事情。注意此行为是新行为还是行为模式的一部分，也很有帮助。请注意行为持续了多长时间。

迈克尔做出了哪些行为

迈克尔几次要求早餐加餐，吃了更多的食物。他在午餐时间吃很少的东西，且只吃那些他不能带回家或与人交换的东西，如牛奶或汤。他在午餐时与人交换可以带走的食物。他从未欺负其他孩子，即使在交易中被拒绝，也能平静接受。星期五，他在午餐时间甚至多次要求加餐，也随身带走了食物。

该行为何时发生

当孩子到达学校时、在午睡时间、在一大群人中、在过渡时间，是否总会发生这种情况？在一天的各种活动中都出现了这种行为吗？请进一步明确。如果发生在大型小组活动中，请说出它是在每个小组中发生还是仅在其中一些小组中发生。如果行为是在到达时间发生的，那么是否会在每天早晨或在每周两三天的同一时间都发生？

回答这个问题可以为观察者提供有用的线索。如果某个行为发生在过渡时间，就说出它是否在一天中的每个过渡时间都发生，还是仅在大型的小组活动过渡时才发生，或是仅在有特定的成人或儿童出现时才发生。例如，本章开篇介绍的孩子乔丹，他今年4岁，每天都表现得非常冲动。在大大小小的集体活动中，当他与成人、孩子交谈时以及在各种活动区玩耍时，他都会抢话。

迈克尔的行为何时发生

内利斯先生在过去9天的午餐时间都观察到迈克尔囤积和藏匿食物。后来，在星期五下午，迈克尔只吃了另一个孩子的一小块生日蛋糕，然后仔细地包裹剩下的那一部分并将其放在背包中。

该行为通常发生在哪里

该行为是仅在教室或学校的某些区域发生，还是可能在几乎任何地方发生？例如，一位教师注意到班上的一个女生表现得极为激动，但该行为仅在一天结束后排队等待校车时发生。他发现，她被父亲性虐待了很多年。学校对她来说是一个安全的地方，只有在她等待离开安全的地点时，她的激动情绪才会出现。

迈克尔的行为发生在哪里

主要发生在饭厅、食物储物柜旁，以及一次在教室里（生日蛋糕）。

孩子为什么会这样

这要求观察者解释孩子的行为，但在许多情况下可能很难做到。回答这个问题，有助于教师查找其他四个问题的答案，然后据此得出结论。表 7.4 仅列出了一些有关"人物、事件、时间、地点"的信息。

表 7.4　破解密码：孩子用行为与我们说话

行为	表达的内容
※ 在雪中旋转，微笑	"我很高兴下雪了！"
※ 双臂交叉放在胸部，紧咬嘴巴，收下巴	"我认为，我无能为力，但我会通过倔强获得一些力量。"
※ 与沙鼠安静地交谈	"我认为喧闹声吓到了沙鼠。"（这个孩子很有同理心）
※ 站在游戏小组的边缘，看着不同的孩子	"我想玩。"

（续表）

行为	表达的内容
※ 破坏持续了 40 分钟的小组活动	"这个小组活动的时间太长了，停下来！"
※ 经常打扰	"我的社交能力很差。"
※ 放学时笑着向朋友挥手致意	"汤姆和肯德拉是我的朋友！"

迈克尔的行为为什么发生

内利斯先生无法联络迈克尔的母亲，因此找了迈克尔的姨妈。他发现孩子的母亲已经停止服药，从未真正做过正餐，主要在快餐店购买食物，在屋子里保存零食。对迈克尔来说，这是一个重大变化，在此之前他一直吃得很好。姨妈也很担心。

内利斯先生准确地断定，迈克尔对食物的需求尚未得到满足。迈克尔最初的行为（囤积食物）引起了教师的好奇心，这是迈克尔试图满足这一需求的尝试。教师还正确地猜测，迈克尔整个周末都没有吃什么，除了他从学校收集到的食物外，因为迈克尔的姨妈那个周末出门在外。

迈克尔自周四与亲戚共进晚餐以来一定是一个人待着。这位教师打电话给社会服务处，并利用他的轶事记录和与姨妈交谈时的笔记，报告了他对孩子被忽视的怀疑。

内利斯先生在举报怀疑儿童被忽视时表现得很恰当。作为教师，他有报告的职责（必须举报）。父母的精神疾病往往会损害其教养能力，从而使孩子处于遭受伤害的危险中。迈克尔的母亲因为不能为迈尔克提供食物而使他处于危险中。

当看到迈克尔往口袋里塞满食物时，有些教师只会阻止他，有些甚至可能惩罚他。但内利斯先生起初很好奇，值得赞扬的是，他决定观察这种行为。他的观察为他提供了帮助迈克尔所需的正确信息。表 7.5 描述了患有精神病父母的孩子的保护性因素。

表 7.5　患有精神病父母的孩子的保护性因素

※ 家庭成员的帮助和支持
※ 孩子天生稳定快乐的性格
※ 积极的自尊心
※ 孩子的内在力量和良好的应对能力
※ 与健康成人的牢固关系
※ 友谊和积极的同伴关系
※ 对学校的兴趣和在学校中的成功
※ 家庭以外的帮助，以改善家庭环境，如育儿课
这些积极的保护性因素似乎会减少但可能不会消除对患有精神疾病的父母的孩子造成伤害的风险。

来源：AACAP，2000.

帮助你建构观察知识和技能的活动

活动 1

反思孩子未被满足的需求。对于每种情况，教师首先可能会看到困难行为。请考虑每位教师对孩子行为的看法对发现孩子未被满足的需求所产生的影响。这些知识将如何改变教师与孩子互动的方式？

　　📖 凯特琳今年 4 岁，近 3 周以来，她总是抱怨、黏人。瓦尔加斯女士显然感到困惑，因为这是凯特琳的一个突然的行为改变。瓦尔加斯女士尽管避免了主观判断，但对凯特琳还是有些恼火。

之后，教师发现凯特琳的父母分居了，她的母亲搬到了另一个州。凯特琳在过去的两个星期里没有见过母亲。

当教师了解到凯特琳的安全需求未得到充分满足时，她将如何应对凯特琳的抱怨、黏人呢？请以书面形式说明你的看法。

📖 乔纳森上学时似乎总是感到疲倦和沮丧。内利斯先生与乔纳森的单亲父亲有着良好的关系。乔纳森的父亲说，他目前从下午4点开始要在医院值夜班。医院为轮班的父母提供了现场托儿服务，但乔纳森的父亲担心打扰儿子晚上的睡眠，因此将其带回家，让他在家睡觉。

当教师了解到乔纳森在晚上没有得到充足的睡眠时，他会如何看待和应对每天早上都无精打采的孩子呢？请以书面形式说明你的看法。

📖 内利斯先生注意到，班上刚来的孩子杰夫珍惜在操场上与其他孩子一起玩的时间。小学二年级学生杰夫，每天早上大约五次问教师："快到去操场玩的时间了吗？"内利斯先生总是说同样的话："操场时间在午饭后。"

然后，内利斯先生见了杰夫的父母，得知他们让杰夫参加了多项活动和课程（法语课、游泳、儿童剧院、折纸、奥数和钢琴）。除星期五外，杰夫一个星期的每个晚上都很忙，放学后没有时间和其他孩子一起玩。

当内利斯先生了解到杰夫因生活忙碌，其游戏需求未被满足时，他将如何应对杰夫有关操场时间的问题呢？请以书面形式说明你的看法。

活动 2

确定以下每个孩子缺乏的技能，然后阐述教师应如何帮助孩子掌握技能。

- 3 岁儿童的教师注意到，班上的一个新生塞缪尔在第一次上课时似乎很困惑。但其他孩子能够立即知道教师说"请坐得像椒盐脆饼一样"的意思。

  塞缪尔需要掌握的技能是_____。

- 瓦尔加斯女士对拉尔夫说："请通过说话告诉杰克，你很沮丧。"第二天，拉尔夫没有说话，而是在接过杰克递给他的记号笔时再次推挤杰克。

  拉尔夫需要掌握的技能是_____。

- 乔丹是本章开篇介绍的孩子之一，他在小组活动中总是对问题、评论和回应抢话。

  在这种情况下，乔丹似乎缺乏的技能是_____。

活动 3

请阅读表 7.5，然后重新阅读关于迈克尔的案例。从你的角度来看，表 7.5 中的哪些因素可能存在于迈克尔的生活中？

第 8 章 基于折衷取向观察儿童的动作和认知发展

本章目标

1. 解释观察儿童的折衷取向。
2. 描述、解释并举例说明不同的观察和评价策略。
3. 重述观察儿童发展的主要意图。
4. 重视对儿童发展进行负责任且符合道德规范的观察和评价。
5. 反思自己对观察儿童发展的目的的看法。
6. 在具体的学习活动中应用有关观察儿童发展的知识。

观察与评价的困境

内利斯先生、瓦尔加斯女士、克莱本先生（一年级）和李先生聚在一起确定他们今年的评价计划。今年，他们首次面临评价困境。面对学区要求对所有儿童进行粗大动作技能标准化测试的决定，他们将如何继续开展真实的、基于游戏的儿童观察和评价呢？正如你在本书第 1 章中所读到的，这些教师认为，标准化测试对儿童来说并不总是最有益的。他们在校董会上阐明了他们对标准化测试的观点，并提交了"3—8 岁儿童标准化测试"（Standardized Testing of Young Children 3 Through 8 Years of Age）这一文件。尽管如此，校董会仍然决定强制开展标准化测试。

该校早期教育教师更喜欢真实性评价，尤其喜欢使用非正式的评价策略。因此，他们决定继续采用现成的和教师自编的关于儿童粗大动作发展的非正式的观察方式，因为他们相信，观察能继续为他们提供有关儿童发展的丰富信息。他们不想根据任何标准化测试的单一分数来做出决定。这些教师还将继续使用非正式的轶事记录和检核表来评价儿童的认知发展。以下是他们开会时列的清单，总结了他们观察儿童粗大动作和认知发展的计划。他们没有把校董会规定的标准化测试列入这个清单，因为他们认为这不是真实性评价。但是，他们仍会按要求进行测试。你将在本章看到这些教师是如何应对困境的。

我们将真实地评价儿童的粗大动作和认知发展

※ 威廉姆斯学前儿童动作发展检核表（Williams's Preschool Motor Development Checklist，适用于 3—6.5 岁儿童）

※ 障碍活动课程：多彩光谱项目（适用于所有儿童）

※ 轶事记录：认知和动作发展

※ 检核表：认知和动作发展

然后，在学年中期的家长会上，每位教师都会整合所有动作发展（和其他发展领域）的数据以及儿童的进步情况，形成一份评价报告，并将其分享给儿童的父母。

该小组的每位教师都撰写了一份简短的评价计划。表 8.1 是内利斯先生对其班级儿童的评价时间规划表。他的计划中包含了班级的总体评价计划，并把时间进度列成一个检核表，方便自己确认已经完成了哪些任务。最后，他将每一项任务纳入每日的工作计划中。

表 8.1 检核表：奥克劳文学校早期教育班级的评价时间规划

9月1日—14日	____社会性特征检核表（现成的）
	____威廉姆斯学前儿童动作发展检核表（现成的）
	____向儿童和家长介绍档案袋
	____适宜的档案袋材料：如儿童的书写样本
9月15日—30日	____适宜的档案袋材料：如儿童的艺术作品
	____对班级中 1/3 的儿童进行的轶事记录或持续性记录
10月1日—15日	____数学技能检核表（所有儿童）
	____适合每个儿童的档案袋材料或其他检核表
	____对班级中 1/3 的儿童进行的轶事记录或持续性记录
10月16日—31日	____社会性特征检核表（第二次给管理者）
	____对班级中 1/3 的儿童进行的轶事记录或持续性记录
	____开始用障碍活动课程进行多彩光谱项目的动作发展评价
	____适宜的档案袋材料：如儿童的书写样本
	____回顾班级里半数儿童的档案袋材料

（续表）

11月1日—15日	____ 适宜的档案袋材料
	____ 回顾班级里另一半儿童的档案袋材料
	____ 数学技能检核表
11月15日—12月10日	____ 适宜的档案袋材料
	____ 学区对早期教育班级中的所有儿童实施标准化动作技能测试
	____ 情绪发展检核表：两个部分
	____ 评定量表：____ 如何管理愤怒情绪
12月27日—1月8日	假期（整理观察报告和档案袋）
	____ 整合对每个儿童的观察数据：撰写报告
	____ 开学后：对档案袋评价的回顾与反思
	____ 与每个儿童一起回顾档案袋里的内容/材料
	____ 组织家长会
	____ 为家长提供有效的建议
1月12日—14日	____ 家长会
	____ 档案袋：形成学年中期的观察报告/分析儿童的作品样本

这是内利斯先生所在学校的第一学期儿童观察和评价安排。内利斯先生使用该表跟进评价活动，并将每一项内容都纳入他的每日工作计划中。

本章目标

解释观察儿童的折衷取向

折衷取向：从几种不同的方法中选出最优方案。折衷教学法是一种实用的、全面的、有效的教学方法，教师既可以用来指导儿童（Marion,

2003），又可以观察其发展状况。教师可选择一种或多种最有可能提供有关儿童发展的最具价值的信息的观察策略。我们的目标是发现每个儿童的优势和能力，要做到这一点，教师就要从多种渠道获取最佳信息。

描述、解释并举例说明不同的观察和评价策略

对观察和评价感兴趣、富有责任心的教师会致力于选择最有效且最具发展适宜性的工具，以获取所需信息。在规划评价时，他们会考虑不同类型的评价策略。而不同工具的着力点不同，由此会引出不同的信息。本章介绍了三种评价策略，既有正式的，也有非正式的。

重述观察儿童发展的主要意图

观察儿童发展的主要目的是识别他们的优势和能力，并在此基础上促进儿童的发展。这使得教师能以积极的视角看待儿童。除此之外，本章中的教师还通过观察儿童发展来评价其需求和兴趣，进而利用这些信息制订计划，进一步发展和巩固儿童的优势。

不同类型的观察和评价策略

本章介绍了三种主要的观察和评价工具：

- 标准化评价工具（请阅读全美幼儿教育协会有关对年幼儿童慎用标准化测试的立场声明），往往是正式的评价工具。
- 教师自编的评价工具，往往用于非正式的评价策略。
- 现成的工具，往往也用于非正式的评价策略。

教师可以采用这些工具评价儿童发展的任一领域。本章阐述了如何基于折衷取向评价儿童的粗大动作发展和认知发展。第9章则关注如何基于

折衷取向观察儿童的情绪和社会性发展。

无论选择何种方法，主要目标都是先学习这种方法，然后负责任地开展儿童评价工作（NAEYC，Revised Guidelines for Preparing Early Childhood Professionals，2001）。

标准化评价工具

对幼儿采用标准化测试会产生许多问题（Bracken，2000；Kelley & Surbeck，2000；Nagel，2000）。教师面临的抉择是，是否要采用标准化测试，或者像案例中内利斯先生遇到的情况那样，如何将这种标准化测试纳入总体评价计划中。内利斯先生和同事没有选择标准化测试，但他们必须探索如何在评价计划中处理这类测试。他们想实施一项与标准化测试相比更具真实性的儿童评价计划。反思型教师能够在了解多种评价工具后做出更明智的决定，甚至包括那些早期教育从业人员普遍反对使用的标准化测试。[1]

描述与目标：标准化测试

现有一些正式的、标准化的系列测试可用于评价儿童的动作发展（Williams & Abernathy，2000）。就动作发展而言，这类测试的研发者希望确定一个标准，即大多数儿童在表现出跳跃或奔跑等技能时的典型或平均年龄。为了获取此类信息，研发者对来自特定年龄段的大量儿童进行测试。由此，他们研制了这些动作测试的参照常模。

标准化测试以数字形式生成定量数据。事实上，采用标准化测试的目的是为了量化地描述儿童在这些测试中的表现，如百分位数或标准分数，其原理如下。

---

[1] NAEYC 关于标准化测试的立场声明是令人钦佩的。

- 用标准化测试对某个儿童的动作发展进行评价。
- 测试人员获得该儿童在测试中的原始分数。
- 成人将上述原始分数与该测试中的标准分数或百分位数进行对照。
- 这使成人能了解儿童的技能掌握程度。如果标准化测试侧重于粗大动作能力的发展,那么分数就会体现奔跑、跳跃或跳绳等技能,以及与同龄儿童相比该儿童的发展水平如何。

标准化测试的真正目的是将参加测评的儿童与其他同龄儿童进行统计意义上的比较(Williams & Abernathy,2000)。因此,标准化测试也被称为常模参照测试。

标准化测试的弊端

关于是否对学前儿童使用标准化测试这一问题,一直存在着相当多的争论(Kelley & Surbeck,2000;Nagel,2000)。全美幼儿教育协会颁布的早期教育教师培训指南中有一项准则规定:教师应能适宜地观察、记录和评价(Hyson,2002)。同时,它也发布了关于标准化测试的立场声明。

许多早期教育从业人员认为,标准化测试并不是评价幼儿发展和进步的适宜方式(见第 1 章)。他们更喜欢具有发展适宜性的、真实的评价策略,而不是标准化的、参照性的测试。他们更热衷于直接观察、基于课程的评价、基于游戏的评价,以及对儿童和家长进行访谈(Bagnato & Neisworth,1991,1994;Nagel,2000)。

此外,他们认为,从一个儿童群体中得出的常模标准可能并不适用于另一群儿童。如果某个儿童与常模中的儿童的特征差异很大,那么把这个儿童的分数与常模进行对比是不公平的。在这种情况下,教师也许并不能获得有关该儿童的最准确的信息。

如果个体想要使用与动作发展有关的标准化测试,那么使用那些常模中包括相似特征儿童的测试或许能获取更有用的信息。即便如此，对标准化测试持批评态度的人还是认为，这些测试没什么价值。例如，威廉斯和阿伯内西（Williams & Abernathy，2000）提出了这样一个问题：如果某个儿童在一次标准化测试中的分数高于或低于第50百分位，这意味着什么呢？他们指出，即使是专家也不清楚这样一个分数的意义。

教师自编和现成的观察与评价工具

这两类工具并非从统计学的角度描述儿童的表现。然而，就动作技能而言，它们会为教师展现儿童是否能奔跑、单脚跳、双脚起跳、双脚交替跳，以及如何完成这些动作技能。也就是说，儿童跑得协调吗？在攀岩架上爬的时候是否敏捷？

教师自编和现成的工具可以帮助教师发现儿童在认知上的优势（Krechevsky，1998），以及儿童是否存在发展迟缓的情况，尽管其目的并不总是如此。教师通常最后会口头描述某个儿童的表现。

如果学校决定对儿童使用标准化测试，那么仔细观察是必不可少的。因此，除了粗大动作发展的标准化测试，奥克劳文学校的早期教育教师（内利斯、克莱本、瓦尔加斯和李）正在使用其他工具来观察这一领域。对其自身来说，他们的观察结果总是有效的，在需要的情况下可以用来支持或反驳标准化测试的结果（Bracken，2000）。

现成的评价工具

现成的工具与教师自编的工具类似，包括检核表、评定量表、轶事记录和持续性记录。它们也有所差异，因为教师只是简单地购买或复印已有工具。教师通过参加系列培训了解如何使用其中的一些工具，但或许使用其他工具只需要少量的培训。现成的工具在质量、易用性、可负担性和可获取性等方面各不相同（Facts in Action，2002）。

教师自编的观察工具

非正式的、易于使用的、教师自编的评价工具提供了丰富的、有助于识别儿童优势的信息。它们是灵活的，因为教师可以通过它们观察儿童发展的任何领域，也就是说，教师自编了涉及儿童不同发展领域的检核表，如动作、情绪、社会性、认知，进而观察儿童在每个领域的发展。

教师可以轻易地综合使用两类自编工具，如检核表和评定量表，以便收集比单独使用任一工具更丰富且有效的信息。最后，在一日活动开始时，教师在教室或操场等自然环境中可以使用自编的检核表或评定量表进行观察（Sanders，2002）。这使得评价对教师来说似乎是每日很自然的一部分；它不会使教师感到刻意，也不会给儿童带来压力。

克莱本先生使用自己的轶事记录表（见表8.3）观察某个儿童的动作发展，例如，观察一年级学生迪安。克莱本先生希望能获得比标准化测试更丰富的信息。

* * *

内利斯先生通过使用轶事记录来观察学生在完成守恒任务上取得的进步。

观察和评价动作发展

定义

动作发展：儿童逐渐获得对身体大小肌肉群的控制和使用能力。

大（或粗大）动作发展：儿童逐渐控制和使用肌肉使其能进行跑、跳、投掷或接球等肢体动作。身体的大肌肉群发展有助于儿童保持姿势（Williams & Abernathy，2000）。

小（或精细）动作发展：儿童逐渐控制和使用肌肉以便能拾起和操作物体，如拼图、木板上的杂乱物品、铅笔或粉笔。

神经肌肉协调：大脑发展（神经发育）和动作发展的交互作用。动作协调的儿童可以进行探索、试验和身体位移，从而促进大脑与感知觉的发展（Sporns & Edelman，1993；Williams & Abernathy，2000）。

不同的儿童、不同的动作发展水平

班级里的儿童有不同的经历，其动作技能的水平也不一样。他们对运动的喜爱，甚至是尝试不同运动的意愿也会有所不同。观察和评价儿童的动作发展并非易事。有些儿童非常敏捷好动，有些则不然，甚至会有些笨拙（American Psychiatric Association，1993）。一些儿童甚至可能会出现运动发展障碍或残疾。

一些儿童的家长鼓励积极运动，如徒步旅行、骑自行车、滑冰、跑步或打球；这些活动有助于锻炼其动作技能。有些儿童很幸运，有人教授他们一些特殊的技能，比如如何最有效地接住球或如何在比赛中取得良好的开端。活动丰富的生活有助于儿童发展良好的动作技能。

还有一些家长允许儿童长时间看电视或玩计算机游戏，却不培养或鼓励他们去运动，从而很大程度上减少了儿童锻炼肌肉的机会。有些家长虐待孩子，对儿童参加活动的意愿和能力造成消极影响。也有些家长可能忽视了孩子对富含充足营养食物的基本需求，从而对儿童的身体发育造成灾难性影响。

观察基本的粗大动作发展

这是关于儿童粗大动作发展的一个最基本问题：儿童是否能爬、跑、跳、扔和接球呢？通过对这个问题的回答，可以判断儿童是否具备了基本的动作技能。教师很有必要评价儿童是否表现出这些基本的粗大动作技能，因为儿童在学前阶段的生活和学习需要运用精细动作技能和粗大动作技能。

关于粗大动作发展还有第二个基本问题：儿童是如何表现每一项粗大动作技能的？通过观察来回答这个问题可以评价儿童的动作。我们需要在最基本的层面上评价儿童如何跑、投掷以及保持平衡。这将告诉我们，儿童的奔跑动作是优雅还是僵硬，接球动作是流畅还是笨拙。

这些基本问题是必不可少的，但如果它们是教师提出的唯一问题，那么就评价儿童的粗大动作发展而言，其视角就稍显局限了。通常，我们不应止步于观察基本动作技能。

超越对基本动作的观察

以下是一些关于儿童粗大动作技能发展的其他问题。

- 儿童在创造性运动方面的优势是什么：有较好的身体控制能力吗？能通过运动唤起情绪吗？动作富有节奏感吗？想以何种方式移动身体呢？对音乐的反应如何？（Krechevsky，1998）
- 儿童对粗大动作发展活动的态度是什么？
- 儿童在粗大动作技能方面的表现异常出色吗？还是发展迟缓？

正如这一系列问题所暗示的，教师可以通过观察回答许多不同问题，这些问题远远超出了仅仅询问儿童是否会跑或爬的范围。例如，你会发现某个儿童非常擅长想出关于如何移动身体的好主意——仿佛你在云朵中、像一只小兔子、像一朵刚刚盛开的花朵。

对移动有着类似想象的儿童实际上表现出了良好的认知能力和创造力，这些能力体现在与运动的关系上（Krechevsky，1998）。凯兹（Katz，1997）鼓励教师评价儿童的学习品质或态度，包括儿童对粗大动作发展活动的感受。

瓦尔加斯女士观察到拉尔夫似乎很喜欢运动。她还注意到，他在控制自己的身体方面非常出色。她写道（轶事记录）："当我发出让他停下来的信号时，拉尔夫能迅速停下来，并完全控制住动作。"

* * *

瓦尔加斯女士还观察到，拉尔夫想出了许多新的移动身体的方式，也就是说，他关于移动的想法很有创意。她写道："当我们在思考从房间的一边走到另一边的不同方式时，拉尔夫建议像机器人一样移动，机器人需要加满油。"一整年来，她都注意到，拉尔夫为许多问题提出了很好的、富有创造性的解决方案。

识别动作技能的发展迟缓现象

教师需要识别儿童动作技能的发展迟缓现象，以便进行适当的干预（Nagel，2000）。动作发展迟缓的儿童比同龄人更有可能在适应活动和学校方面遇到困难。例如，那些在掷球或跑等方面有困难的儿童经常被排除在游戏或运动队之外。于是，这些儿童就会错过个人成长以及社会互动的宝贵机会（Williams & Abernathy，2000）。

评价儿童动作发展的标准化测试：克拉蒂感知运动行为评定量表

克拉蒂感知运动行为评定量表（Cratty's Perceptual-Motor Behaviors Checklist）是一个有关动作技能的标准化参照测试（Cratty，1970，1986）。它是一个简单的评定量表，测试儿童执行特定动作（和感知）任务的能力（表8.2显示了该评定量表的部分题项）。它似乎有助于识别尚未掌握所处年龄应具备的粗大动作技能的儿童，以及那些在获得此类运动技能方面需要帮助的儿童。

表 8.2　克拉蒂感知运动行为评定量表中有关粗大动作技能的题项

2—3 岁

可以有节奏地匀速行走

可以一步一步走下低矮物体

可以沿 3 米长、5 厘米宽的道路行走

4—4.5 岁

可以双脚并拢向前跳跃

可以单脚跳 2~3 次，无精确度或节奏要求

行走、跑步时手臂与腿部动作协调一致

可以短距离地走一段环行线

5—5.5 岁

可以在 8 秒内跑完 30 米

单脚平衡，女孩维持 6~8 秒，男孩维持 4~6 秒

可以接住从 4 米多高的地方弹跳到其胸口高度的大型游戏场球，5 次中可接住 4~5 次

可以双脚同时离地跳 20 厘米或更高

可以用单手或双手将游戏场球弹到 1 米外

6—6.5 岁

在允许的情况下，可以飞奔

在握力测试中可达 3 千克或更多

可以在 5 厘米宽，15 厘米高，3 米多长的平衡木上行走

可以在 5 秒左右跑完 15 米

可以在 2 秒或更短的时间内从地面爬起来

来源：Cratty（1970，1986）. *Perceptual and Motor Development in Infants and Young Children*；Williams and Abernathy（2000）.

在所示年龄段中，70%~80% 的儿童通常能够完成所描述的任务。克拉蒂测试被用于对中产阶层白人儿童的测试。因此，其常模是基于中产阶层白人儿童的动作技能发展水平建立的，儿童如果没有完成相应年龄段 2/3 的任务，就需要接受进一步评估（Williams & Abernathy，2000）。该测试还提供了儿童粗大动作技能的发展顺序。

教师自编的动作发展观察工具

由教师自编的非正式工具，包括检核表、评定量表、轶事记录或持续性记录（或其他类型的工具）。这是一种备受青睐的评价儿童发展的方法；由于易于开发和使用，教师倾向于使用这些非正式策略。本章所描述的教师在很大程度上依赖教师自编的观察工具来对儿童的动作和认知发展进行观察。

6 岁的迪安在三天前转入奥克劳文学校中克莱本先生所在的一年级班级，并接受了动作发展标准化测试。迪安所得分数显示，他在这次测试中的表现不如其他同龄儿童——他的粗大动作技能不是很理想。这让克莱本先生感到困惑，因此他对迪安在操场上的表现进行了为期三天的观察，发现迪安的真实动作技能表现要优于其测试结果。

教师使用非正式的评价策略来补充从标准化测试中得到的单一信息，并对迪安的动作发展进行观察。例如，克莱本先生撰写了一些关于迪安动作技能的轶事记录（教师自编观察工具）（见表 8.3）。

此外，他还利用现成的观察工具收集了有关迪安粗大动作发展的真实信息，如威廉姆斯学前儿童动作发展检核表和多彩光谱项目的现成工具。他请了一位同事，瓦尔加斯女士，来观察迪安在障碍活动课程（Krechevsky，1998）中的表现，因为克莱本先生想参考其他教师的意见。

表 8.3　轶事记录

观察目的：粗大动作技能

地点：操场

日期：11 月的某个星期二

时间：午餐后

基本活动：各种操场活动

观察对象：迪安

其他相关人员：其他几个儿童

事件

迪安迅速爬上主攀登架，和佩比赛。迪安抓住栏杆，平稳、优雅、迅速地爬了起来。他爬遍了整个架子，越过栏杆，从栏杆下滑过，还悬挂在栏杆上。他和佩一起爬着，当他们做出一些新鲜的事情时，比如从一个栏杆下滑过去抓住另一个栏杆，他们就会大笑起来。

迪安伸出腿，并夸张地指了指他的脚趾和腿，然后将腿搭在一根栏杆上摇摆。"嘿，佩，"他说，"我参加奥运会比赛了！"佩模仿迪安的行为，"我也参加了奥运会比赛！"

男孩们从攀登架下来，跑向平衡木。佩很轻松地走了过去。迪安起步很顺利，但有些摇摇晃晃、不够稳。佩对他说："回到栏杆上去，迪安。"接着说："把你的手像这样伸出来，你就可以保持平衡，怎么样？"迪安听从了这个建议，他的平衡状况也有所改善。然后，男孩们互相看着对方，挤眉弄眼，这似乎是两人之间友谊的有趣信号。

反思 / 评论 / 解读

迪安似乎既敏捷又强壮。他跑得又快又稳，虽然在平衡方面有点小问题，但似乎并没有因此而过分烦恼。他似乎非常愿意听取朋友的建议，这让佩感到高兴。迪安好像乐于练习他尚不精通的技能（即平衡）。

评价儿童动作发展的非正式观察工具：威廉姆斯学前儿童动作发展检核表

威廉姆斯学前儿童动作发展检核表（Williams，1995）是一个现成的观察工具，主要针对3—6岁儿童的六项粗大动作技能。因此，这种现成的测试仅适用于部分学前儿童，而非所有学前儿童。威廉姆斯学前儿童动作发展检核表评估了儿童的4项身体移动技能：跑、跳、单脚跳、双脚交替跳；并评价了两种控球技能：投球和接球。

它有助于评价儿童的每项技能表现，即儿童在跑、跳等方面的水平。同样，它也有助于识别动作领域的发展迟缓现象。

威廉姆斯学前儿童动作发展检核表的题项是以问题的形式呈现的，如"儿童在起跑、停止或转弯时有困难吗？"教师对每个题项的回答选项为"是"或"不是"。表8.4展示了教师如何解释评价结果。

这是一个现成的检核表，内利斯先生和其他教师一直用它来评价大多数儿童的粗大动作技能。他们发现，这个检核表中非常详尽的信息在很多方面都很实用（Williams & Abernathy，2000）。

促进儿童在动作发展方面达到更高的水平

内利斯先生发现安迪在动作发展领域并不存在迟缓现象。他为这个动作发展良好的儿童设计了一些丰富的活动——冲过障碍跑道，跑向目标，击中目标，然后转身跑回起点。参见表8.4。

表 8.4　威廉姆斯学前儿童动作发展检核表

指导语：仔细观察儿童在不同情境中每项技能的表现，就其每项动作技能的表现情况回答以下问题。尽量对每个问题以"是"或"否"的形式作答。 **儿童的姓名：** 安迪（学前班）

（续表）

技能：跑

1. 儿童在起跑、停止或转弯时有困难吗？
   是　　㊋

2. 儿童是用全脚掌奔跑（把身体重心放在整个脚上）吗？
   是　　㊋

3. 儿童奔跑时脚尖朝外（外八字）吗？
   是　　㊋

4. 儿童是左右摆臂吗？
   是　　㊋

解读：跑

如果以上四个问题中有三个问题的回答为"是"，那么儿童在跑这一动作技能上可能存在发展迟缓问题（安迪在该领域没有发展迟缓问题）。

技能：接球

1. 儿童是直直地伸出胳膊去接球吗？
   是　　㊋

2. 儿童用手臂、手和身体整个把球抱住吗？
   是　　㊋

3. 接球时，儿童的头扭向一边，不敢看球吗？
   是　　㊋

4. 儿童让球从伸出去的胳膊上反弹回去吗？
   是　　㊋

5. 儿童只能接住从近距离（不到1.5米）弹过来的球吗？
   是　　㊋

6. 儿童没有观察或目光追随飞行的球吗？
   是　　㊋

（续表）

> **解读：接球**
>
> 就 3 岁儿童而言，教师如果对问题 2、3、4 和 5 的回答均为"是"，就请密切关注该儿童与接球有关的动作发展。就 5 岁儿童而言，如果教师对任何问题的回答均为"是"，那么该儿童可能在接球方面存在发展迟缓问题（安迪在该领域没有发展迟缓问题）。

来源：Williams's Preschool Motor Development Checklist, by H. Williams, 1995. The Perceptual-Motor Development Laboratory Protocols, University of South Carolina-Columbia. Used and adapted with permission.

在决定是否要转介儿童以寻求专业援助时，可以使用威廉姆斯学前儿童动作发展检核表

在威廉姆斯学前儿童动作发展检核表中关于"跑"这一动作技能的所有题项上，内利斯先生对学前班的某个小男孩的评定均为"是"，这意味着这个儿童可能在跑步方面存在发展迟缓现象。教师把这些信息和教师自编的轶事记录整合在一起，并与校长和该儿童的家长一起协商是否需要寻求专业人士的援助。

调整任务以帮助儿童获得成功体验

教师在对一年级的一个女孩珍妮特有关接球方面的评定中，仅有一项为"是"，即没有观察或目光追随飞行的球。内利斯先生决定帮助她克服这一困难。他调整了任务，选用了一个更大的球，并向她展示了如何在等待接球的同时观察球的飞行轨迹。

阐释或拓展教师的观察结果

内利斯先生注意到，学前班的一个小男孩在入学第一周就出现了跑步方面的问题。因此，他撰写了一些轶事记录。威廉姆斯学前儿童动作发展检核表的评价结果验证并进一步确认了他的最初观察结果。当与该儿童的父母和校长交谈时，他展示了上述两个观察工具的评价结果。

现成的观察工具——多彩光谱项目

多彩光谱项目（Krechevsky，1998）是一种评价儿童发展和进步的独特方法。它提供了现成的评价工具。多彩光谱项目源于美国哈佛大学和塔夫茨大学的一个联合研究和课程开发项目。这个为期9年的项目，其第一阶段的主要目标之一是建立一个评价学前儿童认知能力的新方法。该项目出版了三册书，其中第三册书介绍了多彩光谱项目的一套评价工具。

多彩光谱项目是一个现成的评价系统，涉及7个不同的知识领域：运动（创造性运动智能和单纯运动智能）、语言、数学、科学、社会性、视觉艺术、音乐，以及活动风格。灵活性是关键，研发者鼓励教师尽可能多地使用多彩光谱项目的幼儿评价和活动。研发者意识到，有些教师希望将多彩光谱评价策略作为一个整体来运用，但其他人可能只希望从使用多彩光谱项目的评价策略这一部分开始。

内利斯先生及其同事（见第1章的个案）已经决定使用多彩光谱项目，但仅仅评价儿童的动作发展领域。具体来说，他们选择了其中一个运动评价方案，即障碍活动课程，该课程评价儿童的四种粗大动作技能。他们对多彩光谱项目的方法特别感兴趣，并希望将其评价结果与该地区当前要求的动作发展标准化测试进行比较。

包括内利斯先生在内，这一组的大多数教师都决定不采用多彩光谱项目动作领域中的"创造性运动课程"这一部分，尽管瓦尔加斯女士已经非正式地做了几年。他们开始逐步使用多彩光谱项目，今年只选用其中一小部分。他们计划在随后几年陆续使用多彩光谱项目的其他评价部分。

多彩光谱项目的障碍活动课程

多彩光谱项目通过障碍活动课程来评价儿童的这几项运动技能——力量、敏捷、速度和平衡。图 8.1 将障碍跑道显示为一系列的站点,每个站点旨在评价这四个粗大动作技能目标中的一个或多个。教师在每个站点示范该技能,跑道可以被安置在教室或操场上。教师可以在整个活动的每个站点观察儿童,或者设置独立的活动。多彩光谱项目的研发者鼓励教师重新编排评分表,例如,教师如果着重研究儿童的特定技能,如敏捷或平衡,就不需要对所有的站点进行观察和评价。

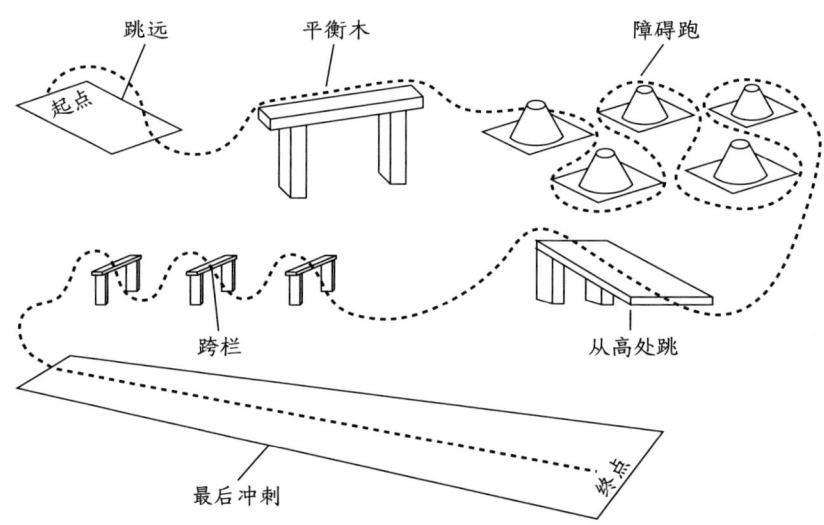

图 8.1　多彩光谱项目的障碍活动场地示意图

来源：Used by permission of the publisher from Krechevsky, M. *Project Spectrum: Preschool Assessment Handbook*（p. 25）. New York：Teachers College Press. Copyright © 1998 by Teachers College, Columbia University. All rights reserved.

在正式评价之前,教师要参阅障碍活动课程的评价标准,然后给儿童打分（见表 8.5）。每一项有三个水平。教师观察每个儿童在障碍活动课程中的表现,并使用独立的表格进行评价。教师将儿童在障碍活动课程中每一站点表现的技能分为：水平 1、水平 2、水平 3,也可以给出叙事性评论。

表 8.5　多彩光谱项目的障碍活动课程：评价标准示例[1]

儿童的姓名：安迪

站点 2/ 平衡木

1= 很难保持平衡；常常从平衡木上滑落；需要抓着成人的手；动作迟疑，带有试探性；可能只是拖着脚步移动；身体僵直。

(2=) 保持平衡有点难；采用试探性的方法，但是能用策略重新保持平衡；为避免跌倒，可能从平衡木上滑落、摇晃；交替双脚或者拖着脚步移动，或者两种情况都出现。

3= 前进中可以保持平衡；走直线，不犹豫；眼睛看着前方；交替使用双脚；身体相对放松。

站点 3/ 障碍跑

1= 在障碍物前迟疑；不能设法靠近障碍物或碰倒、撞倒障碍物，抑或两种情况都出现；不能控制四肢；变换方向时笨拙而缓慢。

2= 以中等速度绕过障碍物，略微迟疑；尽量靠近障碍物，但可能碰倒、撞倒障碍物；四肢有时失控。

(3=) 绕过障碍物时速度快，不迟疑；靠近障碍物时未碰倒、撞倒障碍物；四肢紧靠身体；能够快速而准确地转换身体位置和运动方向。

来源：From M. Krechevsky（1998）. *Project Spectrum:Preschool Assessment Handbook.* New York: Teachers College Press. Copyright © 1998 by the President and Fellows of Harvard College. Adapted with permission.

内利斯先生给每个儿童填写了障碍活动课程观察表，表 8.6 展示了他如何对安迪的行为表现进行评价。

---

[1] 建议教师在观察儿童之前，在每个站点进行示范。障碍活动课程的完整评价标准请见克雷奇弗斯凯于 1998 年的相关研究。

鼓励教师观察其他户外活动，注意儿童的技能表现，并使用与上述相同的标准和等级（水平 1、水平 2、水平 3）对其技能进行评价。障碍活动课程将评价纳入日常生活和课程中。我们鼓励教师在全学年中重设障碍活动课程，以使儿童有机会在各种环境中表现出运动技能。

表 8.6　多彩光谱项目的障碍活动课程观察表

儿童的姓名：安迪
年龄：学前班（5 岁 5 个月）
日期：9 月 18 日
观察者：内利斯先生

1. 跳远　　　　　力量　　　　　____3____
2. 平衡木　　　　平衡　　　　　____2____　　走下平衡木以防坠落
3. 障碍跑　　　　敏捷　　　　　____3____　　灵活迅速；动作优雅（出色）
4. 从高处跳　　　平衡　　　　　____3____
5. 跨栏　　　　　力量/敏捷　　 ____3____
6. 最终冲刺　　　速度　　　　　____3____　　非常快（出色）

说明：这一观察结果支持了从其他来源获得的关于安迪动作技能的信息。他是班上（包括所有一年级和二年级的学生）动作最快、最敏捷的儿童之一。

来源：From M. Krechevsky（1998）. *Project Spectrum: Preschool Assessment Handbook,* New York：Teachers College Press. Copyright © 1998 by the President and Fellows of Harvard College. Adapted with permission.

今年 4 月，内利斯先生和克莱本先生在户外开设了障碍活动课程。他们在户外摆放站点的顺序与室内不一样，还各自观察了班级中的儿童在操场常规攀爬架上的表现，以评价其力量（拉起时）与敏捷性（在攀爬架周围活动时）。

动作技能的真实性评价

真实性评价包含多个特点，即在真实情景中进行的、基于日常游戏的各类观察。这给教师提供了最有帮助的信息。从前面的章节和例子中可以看出，克莱本先生坚决拒绝仅仅以粗大动作发展标准化测试成绩为依据来评价儿童。他坚持使用其他观察方法，以对儿童的动作发展有更好的了解。他综合使用现成的工具和教师自编的工具来得出结论。

他使用了威廉姆斯学前儿童动作发展检核表、轶事记录和多彩光谱项目的障碍活动课程。利用所有这些非正式评价所获得的信息，克莱本先生分析得出，迪安的技能是非常优秀的，这与标准化测试给出的结论大相径庭。

他撰写了一份报告，附上了原始的轶事记录、威廉姆斯学前儿童动作发展检核表和障碍活动课程的评分表。他见了校长，并提交了其他数据。校长也认同，标准化测试的分数可能没有体现该儿童的整体发展情况，而其他的观察工具更好地反映了该儿童的粗大动作发展水平。

威廉斯和阿伯内西（Williams & Abernathy，2000）提出了使观察的效用最大化的实用建议。他们的建议与早期教育从业人员对真实性评价的偏爱是一致的。表8.7列出了这些建议。

在行动中明智地运用观察

今年1月，奥克劳文学校的四位早期教育教师（内利斯、李、瓦尔加斯和克莱本）聚在一起讨论评价计划。具体来说，他们经过投票决定继续使用多彩光谱项目的障碍活动课程、轶事记录和威廉姆斯学前儿童动作发展检核表。李先生所在班级的儿童的年龄最大，他没有采用威廉姆斯学前儿童动作发展检核表，因为该表是针对学前儿童的动作技能的。内利斯先生也不对小学二年级学生使用该检核表。

他们尤其关注11月开展的标准化测试。克莱本先生描述了迪安的测试分数所引发的疑问，他取得了迪安父母的书面同意，可以与其他教师一起讨论迪安的测试分数。这一事件促使教师们要求，重新评价学校对标准化测试分数的运用。

表 8.7　实用建议：善用有关动作发展的观察信息

> 威廉斯和阿伯内西（Williams & Abernathy, 2000）为使观察和评价动作发展的效用最大化提供了实用建议。
> ※ 观察：在自然真实的游戏情境中观察儿童。
> ※ 筛查：筛查所有儿童的粗大动作发展。
> ※ 筛查：筛查所有儿童的精细动作发展（例如，操作钉子、剪纸、使用马克笔或铅笔）。筛查所有儿童的基本感知觉技能（例如，匹配颜色、在视觉和触觉上分辨不同的形状和大小）。
> ※ 反思：对两组信息进行反思。
> ※ 选择活动：如果儿童只出现粗大动作发展问题（没有其他感知觉或动作发展问题），那么设计活动改善缺失技能。
> ※ 转介：如果儿童同时存在粗大动作和其他感知觉发展问题，就与家长和校长或主任一起讨论该问题，并考虑把儿童转介到合适的、受过训练的专业人士那里进行进一步的观察。

内利斯等四位早期教育教师要求与校长会面，校长尊重并支持教职工们。会议开始前，每个人都重读了全美幼儿教育协会于1987年发布的"3—8岁儿童标准化测试"的立场声明。教师也通过播放幻灯片介绍了全美幼儿教育协会于1996年发布的立场声明"发展适宜性实践的决策指南"（Guidelines for Decisions About Developmentally Appropriate Practice）中的主要观点，并强调了"评价儿童的学习与发展"这一部分的内容。

学区仍然要求进行标准化测试。然而，奥克劳文学校的教师小组制订了一个计划，以使奥克劳文学校永远不会仅依据儿童的标准化测试分数在学校中做出任何决定。他们还决定永远不公布标准化测试的数据。该小组认为，教师应加强对班级中的儿童进行持续的、有目的的观察。

他们决定以叙事的形式总结每个儿童在粗大动作技能方面的优势，并与其家长分享。之后，他们使用这些信息来规划动作发展课程。标准化测试的分数永远不会被公布，他们也不会分享多彩光谱项目评价部分的任何分数。他们认为，书面叙述比数据更有裨益。表 8.8 是克莱本先生对迪安动作发展的描述性总结。

表 8.8 粗大动作发展：总结 [1]

儿童的姓名：迪安 日期：2003 年 1 月 "迪安似乎真的很喜欢这所学校，不管是在教室里玩计算机还是在户外游戏。在他和我们相处的短暂时间里，我已经注意到他是多么强壮，以及多么喜欢跑步和攀爬。他拥有非常出色的运动技能；事实上，他是一个相当迅速、敏捷的家伙，他能轻松地奔跑、投球和接球。" "他毫不犹豫地尝试了所有的活动。他也喜欢练习！练习平衡时，他行动自如，几乎每天都走平衡木。我们正在为他和其他孩子设计促进平衡感发展的其他活动。" "迪安和其他孩子相处得很好，这在粗大动作发展活动中表现得尤为突出。他对活动充满兴趣的态度吸引了其他孩子，这似乎只会增加他想要尝试一切的意愿，并变得越来越熟练。"

请注意教师是如何强调迪安的优势的。即使在描述其需要帮助的领域时，克莱本先生也持积极的态度。

---

[1] 迪安的教师之所以能写出这篇总结，是因为他平时对迪安进行过多次观察。观察结果给他提供了大量信息，而这些信息比他单纯地从标准化测试中获得的信息要丰富得多。

观察儿童的认知发展

儿童的认知能力和社会性发展之间存在紧密的联系。教师在思考某个儿童是如何思考的,能否理解成人的话,能否站在他人的角度看问题,甚至能否记住别人说的话时,就是最有效的教师。

奥克劳文学校的教师使用自编的非正式观察工具来观察和评价儿童认知发展的特定领域。在承认学前儿童的思维发展具有局限性的同时,他们也希望记录儿童的优势,从而利用这些信息辅助教学和课程决策,识别儿童的进步,并将其用于制订班级儿童的发展计划(Katz,1997;Marion,2003)。

本章的这一部分,正如粗大动作发展部分,对儿童认知发展的某些领域进行了简要概述,并阐明了如何使用教师自编的非正式工具来观察和评价儿童在认知领域的发展。根据皮亚杰(Piaget,1968)的理论,本章重点关注2—6岁儿童的认知发展。

主要的认知能力:2—6岁儿童的表征

2—6岁儿童可以通过延迟模仿、语言以及各种艺术媒介或技术等使用符号来表征其经验。

延迟模仿

儿童向许多不同的榜样学习,然后经常(但不总是)模仿这些榜样。榜样既可以是日常生活和各类屏幕(如电影、录像、计算机)中的人物,也可以是录音机、计算机和阅读材料(如绘本、小册子、广告牌)里的人物。儿童会对事件进行观察,进而形成并保持视觉印象,然后经常延迟或推后模仿其行动,甚至是晚些时候才表现出来。

在克莱本先生的一年级班级里,6岁的迪安看着佩扔下装有积木的容器,并把积木散扔在桌子、椅子和地板上。迪安帮他的朋友把积木捡起来。迪安的模仿对象是他的父亲,因为父亲曾帮助迪安的母亲捡起她掉在地上的园艺工具。

语言

儿童通过谈论来表述其经验。这一阶段的主要认知成就是，儿童可以使用符号来表征事物，而语言是儿童表征经验的符号，无论经验是好的还是不好的。

迪安用语言告诉克莱本先生，他和家人搬到新家了。拉尔夫用语言告诉瓦尔加斯女士，他的猫被送到了兽医急诊医院。

艺术媒介或技术

儿童通过艺术媒介记录经验，比如绘画、素描或者橡皮泥。他们用粉笔、油漆、橡皮泥、马克笔、铅笔、计算机和其他媒介或技术创作艺术作品，象征、表达或表征他们的某种经验。

内利斯先生的学前班儿童通过画他们最喜欢的动物来记录其在动物园的经历。内利斯先生帮助他们把画扫描到计算机中，并讲述与每只动物有关的故事。

前运算阶段：认知发展的局限性

儿童所说所做的一些有趣且可爱的事情是由其思维局限而导致的直接结果。2—6岁儿童倾向于：

- 从自我中心的角度看待事物
- 根据事物的外观对其进行评价
- 专注于前后对比，忽略事物是如何变化（转变）的
- 不会逆向思维

处于前运算阶段的儿童倾向于以自我为中心。观察某个学前儿童，你会很快发现上述的这些特点。

瓦尔加斯女士："内莉，萨拉在使用弹珠，你不能把它们拿走。"

内莉："我需要弹珠。"

瓦尔加斯女士："是的，你想要一些弹珠，但是萨拉正在玩这些弹珠。还有什么办法能让你获得弹珠吗？"

内莉（疑惑地看着）："你可以把所有的弹珠都拿来给我！"

教师适当地描述了这个问题，也试图帮助内莉解决这个问题，但内莉的自我中心倾向已经妨碍了其理解问题。内莉解决这个问题的办法也反映了她无法站在萨拉的角度上看待问题。

处于前运算阶段的儿童难以进行换位思考

换位思考：一种认知发展能力，即理解另一个人如何看待问题的能力，需要几年的时间来发展，最早出现在幼儿末期（Dixon & Soto，1990）。塞尔曼（Selman，1980）描述了换位思考的不同发展阶段与水平（见表8.9）。

在前面的例子中，内莉不能站在萨拉的角度思考，很大程度上是因为内莉是以自我为中心的。以自我为中心的儿童只关注自己以及自己想要的东西，但这与自私不是一回事。一个自私的人可以理解别人的想法但却选择忽略，但是像内莉这样以自我为中心的思维者是无法站在他人的立场上思考的。处于前运算阶段的儿童（如内莉）认为，每个人，包括萨拉和该案例中的教师都应该有与自己一样的想法。

表 8.9　换位思考能力的水平

年龄	水平	换位思考能力
2—6岁	水平 0	※ 以自我为中心 ※ 无法区分自己与他人的观点

（续表）

年龄	水平	换位思考能力
6—8岁	水平1	※ 仍无法从他人的角度看待问题 ※ 相信若处于同样的情况，另一个儿童也会做出和自己一样的反应
8—10岁	水平2	※ 可以从他人的角度看待问题 ※ 他人如何看待自己，自己就如何看待自己 ※ 并非所有儿童都能达到这一水平
10—12岁	水平3	※ 能以比水平2更复杂的方式从他人的角度看待问题 ※ 意识到不同观点的递归性，如"妈妈认为我认为她希望我这样做。" ※ 并非所有儿童都能达到这一水平
青春期与成年期	水平4	※ 成熟的换位思考能力 ※ 将有关法律/道德问题的社会观点概念化 ※ 并非所有人都能达到这一水平

来源：Selman (1976; 1980). Figure from Marion (2003), p. 38. Adapted with permission.

儿童必须先长大，然后才能发展换位思考能力，也就是说，成熟对于换位思考能力的发展是必要的。然而，年龄的增长并不是一个充分条件，也就是说，仅仅是年龄的增长并不足以让个体能够更好地从他人的角度看问题。有些人永远无法超越水平0或水平1，从来没有学会站在他人的角度思考，因为他们缺乏正确看待问题的能力，所以在生活中会遇到很多麻烦。例如，许多（但并非全部）虐待型父母不能站在孩子的角度思考。

处于前运算阶段的儿童专注于事物的前后对比，忽视事物的变化

处于前运算阶段的儿童忽略了某些事物被转化或改变的过程。一项经典的守恒实验有助于我们了解儿童是如何关注事物的前后对比，而不是如何变化的。给儿童看两个相同尺寸、体积的水杯。然后，当儿童看着你的时候，你将一个杯子里的水倒入另一个更高更细的杯子里。处于前运算阶段的儿童首先会专注地看放在两个矮玻璃杯中的水（转变前），然后关注一个矮玻璃杯和一个高玻璃杯中的水（转变后），但往往忽略了从矮玻璃杯到高玻璃杯的倒入动作（转换）。而年龄大一点的儿童、青少年或者成人，注意到这种行为就会解释道："你所做的就是把水从一个容器倒入另一个容器里。"

这种认知上的局限性影响了儿童在其社交世界中的行为，如下面的例子所示。幼儿园教师瓦尔加斯女士通过教师自编的轶事记录来证明，尽管发生了明显变化，4岁的乔丹仍然无法认识到两组事物之间的守恒关系（见表8.10）。

表 8.10　轶事记录

观察目的：认知/守恒

地点：餐桌

日期：9月12日，星期二

时间：午餐

基本活动：供餐与进餐

观察对象：乔丹

其他相关人员：切尔西、拉尔夫、贾丝廷和我

事件

我在每个孩子的餐盘里放了一小堆薯条，有八根（作为数学课的一部分，我把它们数出来分给每个孩子）。他们和我一起计数。我们高呼："乔丹有八根薯条，切尔西有八根薯条……"然后，切尔西头尾相接地把薯条排好，在餐垫上排成了一条长队。乔丹看着她把薯条摆好，对我说："瓦尔加斯女士，你给切尔西的薯条比给我的多。我也要更多薯条。"

（续表）

> 反思 / 评论 / 解读
>
> 切尔西把她那八根薯条排成一排，营造出更多薯条的假象。乔丹忽略该过程，体现出他不懂守恒。他只关注前者（薯条堆）和后者（薯条长队）的状态，但忽略了其间的转变过程。

处于前运算阶段的儿童倾向于根据事物的外观进行判断

在任何守恒实验中，比如倒水，处于前运算阶段的儿童通常会断言，高的容器里有更多的水，"因为它看起来有更多"。同理，乔丹认为切尔西有更多的薯条，因为她的那一排薯条看起来更多。外观对学前儿童来说通常具有欺骗性，因为他们往往根据事物的外观进行判断。

处于前运算阶段的儿童难以逆向思维

处于前运算阶段的儿童一次只关注一件事，不管是之前的还是之后的。年龄大一些的儿童能同时思考两件事，不会被事物的外观蒙骗。成人和年龄大一些的儿童会意识到，他们可以很快地表明高杯中液体的体积与矮杯中液体的体积相等，只需要把高杯里的东西倒回矮杯里就可以，因为他们会逆向思维。然而，幼儿的想法不会这么有逻辑性。

具体运算阶段：认知的重大发展

处于这一认知发展阶段的儿童通常在 6—11 岁，就读于学前班或小学。处于具体运算阶段的儿童具有如下认知技能。

- 区分现实与表象。
- 更容易识别出显著变化。在标准化的守恒实验中，他们始终能注意到两个相关维度（长度和宽度）。处于具体运算阶段的儿童会利用这些与维度有关的信息来理解守恒。
- 关注事物的变化或转换的过程，即使是在标准化的守恒实验中。

这些认知发展意味着这个年龄段的儿童的思维方式发生了质的转变。小学生的行为表现可以证明，在学龄前阶段显现的技能有了进一步的发展。内利斯先生决定通过类似薯条的事件来评价其一年级和二年级学生的守恒能力。表 8.11 是教师对二年级学生威利斯撰写的轶事记录。

表 8.11　轶事记录

观察目的：认知 / 守恒

地点：教室

日期：9 月 14 日，星期四

时间：任务时间

基本活动：不同的任务

观察对象：威利斯

其他相关人员：我（教师）

事件

威利斯和我一起数了数桌子上放着的两小堆扑克牌，我们都认为其数量是相同的。然后，我把桌子上的一堆扑克牌首尾相连地排成一行。威利斯看着我把它们排好。我问道："威利斯，这一堆扑克牌和这一行扑克牌的数量是一样的，还是其中一个更多？"威利斯转头看向我，盯着看了大约 5 秒钟。然后，他说："它们一样多，内利斯先生。你只是把一堆扑克牌摆成一行，你可以把这一行重新放成一堆，就能证明它们的数量是一样的。另外，你也可以数一数。我看着你移动牌，但并没有往这一行中添加任何牌。所以，它们的数量是一样的。"

反思 / 评论 / 解读

威利斯已经进入皮亚杰认知发展阶段的第三阶段。威利斯是一个具体运算思维者，并在这次观察中展现了他的能力。他甚至看起来对这个过程有点恼怒，因为这对他来说太简单了。他没有被这种变化欺骗，在推理时也考虑了用扑克牌排的长度和用扑克牌堆的宽度。

记忆

儿童的记忆会以多种方式影响他们的人际交往，因此，评价儿童的记忆能力是一个不错的选择（Marion，2003）。

内利斯先生一直在帮助班上的所有儿童学习生气时的语言运用，他在实现这一目标方面已经取得了一些良好进展。你刚刚看到的威利斯展现出了守恒的能力，因此可以认为，他的认知能力得到了发展，他似乎已经理解了上述信息。正如你即将在第 9 章中发现的那样，威利斯经常生气，但最近已证明，他在生气时是可以使用语言的。可是，当威利斯生气时，他用拳头代替了语言，这使内利斯先生感到有些惊讶和失望。

部分成人可能会视其为挑衅行为，但教师怀疑这或许是威利斯的记忆发展在发挥作用。在童年早期，与威利斯类似、为获得需要或想要的事物而长期使用攻击性行为的儿童，他们对这种无效方法有着强烈的记忆。这些攻击性互动的枯燥事实储存在儿童大脑的海马体中。然后，这些互动的情感每一次都会被储存在大脑中一个叫作杏仁核的部位。这些记忆如此强大，以至于它们很容易凌驾于我们良好的教育教学之上。了解了有关记忆的这一点，然后对其认知发展情况进行评价，将有助于我们更好地帮助儿童。

定义

- 记忆：储存信息，然后再检索提取的基本认知过程。
- 长期记忆：存储我们感知并经过学习的信息。我们收集这类信息，然后将其存储为永久记录。我们大多数人都能从长期记忆中唤起信息，因为我们经常将其储存为对地点和事件的强烈感官图像，有时可追溯到几年甚至几十年前。
- 短期记忆或工作记忆：用于临时存储我们需要访问的新信息或

已知信息。儿童的短期记忆空间随着年龄的增长而增加，使他们能够在更长的时间内处理更多的信息（Case，1992）。

- 再认记忆：对我们曾看到或已经历且现在又重遇的信息的认识（Shaffer，1996）。例如，让一名儿童从一组猫狗的照片中挑出自己家的狗和邻居家的猫的照片。他能够很容易地辨认出自己家的宠物和邻居家的宠物。
- 回想记忆：发生于当个体不得不检索或唤起某些信息时。有不同类型的回想记忆，当我们观察婴幼儿的记忆容量时，这些记忆是非常重要的。
- 线索性回忆：由线索或提示所唤起的记忆。

    内利斯先生把儿童学习过的树的名称列成了一张表。他将该表（提示）贴在儿童能看到的、参与植树项目的地方。

- 纯粹回想记忆：无须任何线索或提示的记忆。儿童在不涉及任何线索的情况下积极地从记忆中检索信息，就像威利斯在背诵班上所有儿童的名字时所做的那样。
- 元记忆：个体关于记忆的整体认知。元记忆在童年时期得到发展：年龄稍大的儿童意识到他们拥有不同类型的记忆，知道可以使用记忆策略，并且能理解记忆策略起作用的原因。例如，威利斯说，当他试图记住班上所有儿童的名字时，如果把儿童分为男孩和女孩两个小组，就容易多了。

表8.12是教师自编的非正式的检核表，呈现了记忆发展过程中的一些主要里程碑。内利斯先生用该检核表来评价他所在的学前班至小学二年级的混龄班里儿童的记忆发展状况。他对从威利斯那里收集的信息特别感兴趣，这名二年级学生在愤怒和攻击性行为方面存在一些问题。

表 8.12 检核表：儿童早期记忆发展的里程碑

儿童的姓名/年龄：威利斯（二年级/7 岁）

日期：10 月 8 日

出生至约 5 个月（0—5 个月）

____ 识别熟悉的物体；熟识或厌倦某种刺激物，如数次放在他面前的玩具

____ 可以唤起一段记忆，但必须有线索或提示

5 个月至 1 岁（5—12 个月）

____ 仅看过几次就能识别物体

____ 某个事物可以被记住几周

____ 主动回忆（需要较少的线索）最近发生的事件

1—3 岁

____ 大约 2 岁后可回忆起相当一段时间之前发生的事件

____ 偶尔以故事的形式讲述记忆

____ 3 岁时能回忆起 1 年或 2 年前的事情

4—12 岁（及以上）

____ 4 岁时能识别一系列（一组）物品

____ 4 岁时仅能回忆起 12 个物品中的 3~4 个物品

_√_ 三年级学生能够识别 12 个物品中的全部物品

_√_ 三年级学生可以回忆起 12 个物品中的 8 个物品

评论

威利斯具有极好的识别和回忆能力。这让我对他上周的行为感到好奇，当时他对另一个孩子大喊大叫，然后还生气地打了那个孩子，即使他已经学会了在生气时要使用语言。还需要进一步再观察。

来源：Baker-Ward, Gordon, Ornstein, Larus, and Clubb, 1993; Howe and Courage, 1993.

内利斯先生决定和威利斯谈谈，如何帮助他记住要使用语言而不是打人。教师记录了威利斯出色的回想记忆，并且知道威利斯确实能够回忆起讲授语言使用的那堂课。内利斯先生还将威利斯的打人行为视为一个信号，即威利斯在回忆这一重要课程时需要更多的帮助。教师决定通过使用线索性回忆来帮助威利斯，即在他应该使用语言时给出一个提示。他们决定，内利斯先生使用手语中的某个手势作为对威利斯的非言语暗示，并教给威利斯适当的手势。

表8.13是内利斯先生所撰写的轶事记录。

表 8.13　轶事记录

观察目的：记忆发展／观察威利斯通过线索提示回忆和使用愤怒管理技能的能力

地点：计算机教室

日期：10月10日

时间：早上

基本活动：选择座位

观察对象：威利斯

其他相关人员：安迪（学前班）

事件

安迪坐在一台计算机前，那是威利斯最喜欢的计算机。当威利斯呼气闭眼时，我看出他开始生气了。在他做其他事情之前，我走到他站着的地方，给他展示我们预先说好的提示"使用语言"的手势。威利斯一开始看起来很困惑，但随后眨了眨眼。他侧脸看了看，稍微低下了头（在我看来很像是集中注意力）。然后，他对安迪说："我想坐在那里，安迪。等你做完了，我就搬到那台计算机那里。"

（续表）

> **反思 / 评论 / 解读**
>
> 大功告成。威利斯已经拥有出色的记忆力，通常不需要提示。然而，当他生气时仍然需要帮助，并且通过提示来提醒他回忆起关于使用语言的课程似乎是有效的。这也有助于他铭记要站在别人的角度看问题，他具备这样的能力，但是由于缺乏足够的练习而容易忘记去做。

帮助你建构观察知识和技能的活动

活动 1

分析教师关于儿童动作技能的叙述。重温表 8.8，请说明克莱本先生是如何描述迪安在粗大动作发展方面的优势的，并指出迪安需要帮助的领域。

活动 2

写日记：请继续关注由教师撰写的关于迪安动作发展的总结（见表 8.8）。如果你是迪安的母亲或父亲，描述一下自己阅读这段陈述时的感受。抛开这段内容，请描述一下，如果只得知"迪安的动作技能水平低于第 50 百分位"，你会有什么感觉。

解释这两种陈述的不同之处。如果你是儿童的家长，请说明你更喜欢哪种表述方式。

活动 3

守恒实验：重温有关薯条和扑克牌的两个案例，这仅仅是对一个 4 岁和一个 7 岁儿童守恒能力的评价。对一两个年龄段的儿童做一项类似的实验。使用纸片或扑克牌。首先收集两叠相同大小的正方形纸片，数量也要相同。在把纸片堆成一堆的时候数一数。当儿童正在注视着你的时候，把纸片从一堆排成一行，并提问"这行纸片和这堆纸片的数量一样吗，还是其中一个更多？"记录儿童的反应，然后让其解释，并将其答案记录下来，从而判断儿童是否能够理解守恒。

第9章　基于折衷取向观察儿童的情绪和社会性发展

本章目标

1. 描述和解释儿童情绪发展的各个方面。
2. 总结幼儿愤怒的触发因素以及有关儿童如何表达愤怒的信息。
3. 理解并阐释儿童情绪发展与社会性发展之间的联系。
4. 描述和解释儿童同伴互动的各个方面。
5. 说明教师如何使用现成的和教师自编的非正式的观察工具观察儿童的情绪和社会性发展。

全美幼儿教育协会的标准要求，准备充分的早期教育专业人员了解儿童发展并知道如何观察和评价发展。有关儿童发展的知识总体上是指在课程、教学、指导、与父母互动以及政策决策等方面的发展适宜性实践的基础。

第 8 章阐述了多种观察方法，并着重于两个领域——动作和认知发展。本章通过描述和解释儿童早期情绪和社会性发展的显著特征来继续这项工作。本章的第二个主要目标是说明观察情绪和社会性发展的多种方法，其中指出了有关对幼儿使用标准化测试的许多问题，强调使用教师自编的或现成的非正式工具来观察儿童的同伴关系和情绪。

儿童的情绪发展

情绪在儿童的成长中起着核心作用，例如，儿童的情绪会影响他是否喜欢自己，如何与他人打交道以及如何解决冲突（Eisenberg & Fabes, 1998）。有关情绪和社会性发展的知识可以增强教师的能力，进而帮助儿童适当调节情绪，形成人际交往的模式。

情绪的定义

情绪[1]：儿童在自己看重的事情上，试图建立、维持或改变自己与环境之间的关系（Saarni, Mumme, & Campos, 1998）。这是一个功能性定义，因为它关注的是孩子在感受到一种特定情绪时尝试做的事情。

当一年级学生桑迪坐在沙丘旁的房子旁边听便携式播放器上的音乐时，她笨拙地多次按下了音量按钮。由此产生的噪声吓到了沙鼠。当音量爆发时，桑迪也吓得跳了起来，然后看到她的两个朋友躲起来了。桑迪是一个善良的孩子，这让她感到内疚，这种情绪的目标是保持对自己

---

[1] 请见表 9.1，了解本章所使用的主要定义。

的要求。桑迪意识到，即使这是个意外，她也做了违反这些标准的事情。桑迪的内疚感促使她弥补自己造成的伤害（与沙鼠轻声交谈），表达愧疚之情（"哦！我真的吓到了你"）以及她表达亲社会行为的意图（"我调大声音时最好注意一下"）。

基本情绪

婴儿表现出基本情绪——满足、忧虑、喜悦、愤怒和恐惧。新生儿可以表现出满足和忧虑。在 6 周到 14 个月大时，婴儿会感到喜悦、愤怒和恐惧。婴儿能够感受并表达这些基本情绪，但不理解它们，也无法控制它们。随着婴儿的长大，他们会发展出另一组更加复杂的情绪：自我意识情绪。

表 9.1　本章重点定义

> **愤怒**：基本（不愉快）的情绪，目标被阻止时会引起
> **基本情绪**：出生时或在生命的第一年左右出现的情绪，如满足、忧虑、喜悦、愤怒和恐惧
> **复杂的自我意识情绪**：在儿童发展出自我意识之后产生的情绪，如骄傲、傲慢（自负、自大）、羞耻、尴尬、内疚
> **情绪**：儿童在与自身有关的重要事情上试图建立、维持和改变自己与环境之间的关系
> **情绪智力**：自我激励、希望、共情、调节情绪的能力，如尽管苦恼，但仍专注；面对挫折时的坚持
> **情绪调节**：适当管理情绪的能力，包括情绪强度，以及我们感受情绪的时长
> **友谊**：两个儿童都认可的自愿关系，其特点是积极影响
> **集体**：以某种方式互相影响的个体的集合
> **互动**：两个个体（儿童）之间的行为交互所产生的社会性给予和接受

（续表）

> **关系**：当两个彼此认识的儿童发生一系列互动时产生
> **同伴群体中的社交能力**：儿童在同伴关系的三个水平（互动、关系和集体）上的有效操作能力
> **社交技能**：儿童可以通过表现可观察到的行为，表明自己能够控制思想和情绪

自我意识情绪

自我意识情绪：骄傲、傲慢（自负、自满、自大）、羞耻、尴尬和内疚。儿童只有在涉及自己并知道其他人独立于自己时，才会表现出自我意识情绪。自我意识情绪在婴儿晚期初次出现，并在学龄前继续发展。

当儿童可以做以下三件事时，他们就会表现出自我意识的能力（Saarni，Mumme，& Campos，1998）。

- 认识到必须符合标准（例如，尊重教室里的动物）。
- 评论自己如何达到这些标准（例如，我通常会表现出对沙鼠的尊重，但当我播放大声的音乐时，就没有表现出对沙鼠的尊重）。
- 表现出愿意为达到或未达到的标准负责（例如，我是按音量按钮的人，因此最好特别小心，不要让声音太大）。

情绪调节

学前儿童的主要成就之一是开始调节自己的情绪。例如，6岁儿童在调节愤怒情绪的时间和强度方面要比2岁儿童好得多，但是同龄儿童的情绪调节能力有很大的差异。例如，一些6岁儿童比其他同龄儿童更擅长调节情绪。

情绪调节包括三个方面。

- 管理情绪强度的能力。

    8 岁的乔斯，他的父母和祖父母正在阿拉斯加航行，冰川湾是主要停靠站之一。乔斯第一次看见冰川时就表达了喜悦："爷爷！看！在那里！"然后，乔斯站在爷爷的旁边，握着他的手，平静而热情地表达了这种基本情绪。

- 管理情绪持续时长的能力。

    乔斯写了三首诗，然后教师读了其中一首诗。这位三年级学生瞬间感受到了满满的成就感和自豪感。当父亲问他在学校过得怎样时，乔斯只是说："老师在课堂上读了我的一首诗。"他父亲回答："当老师读你的诗时，你感觉如何？"乔斯说："很好。"乔斯的家人教他对自己的成就感到满意，但同时要保持谦虚。

- 当某种情绪爆发时，适当地强化或抑制这种反应，我们就可以实现目标（Eisenberg et al.，1997；Brenner & Salovey，1997）。

    乔斯穿着新运动衫上学，当他去拿成长档案箱的时候蹭到了墙上的粉笔画。他说："哦，不！紫色粉末。"他产生了轻度失落的情绪，当他屏住呼吸并尽可能擦去身上的紫色粉末时，他抑制了这种情绪。然后，他继续去拿成长档案箱（完成了任务，因为他改变了自己对失落情绪的反应）。

情绪智力

情绪智力（通常被称为"情商"）：自我激励、希望、共情，调节情绪，避免忧虑的情绪影响到专注和思考，遇到挫折的时候能够坚持的能力。

戈尔曼（Goleman，1995）认为，情绪智力对于一个人在生活上的成功是必不可少的，与传统的智力测评相比，它同样重要，甚至可能更重要。例如，有天赋的师范生可能会获得一份教职，但是保持这份工作不仅取决于他的智商，还取决于他的情商。如果他不能调节自己的情绪，或者不善解人意，他的工作关系就会受到影响。他可能写了很棒的教案，但可能不会成为一个好同事。

建立情绪智力的基石

情绪智力的重要组成部分之一是一种情绪上的自我意识或在情感触发时对自己的情绪的意识，这种意识使我们"对自己的感觉很敏感"（Gibbs，1995，1997）。它的第二个主要组成部分是摆脱不良情绪的能力。人们如果知道自己的感受并可以形成一种有益的应对方法，就可以控制自己。戈尔曼敦促教师和家长帮助儿童发展情绪智力。

乔斯的父亲是一个很好的榜样，他曾说过这样的话："我可能觉得自己对演讲感到紧张（意识到他的心情）。我深吸了一口气，然后出去走走，这似乎有所帮助"（使用了一种很好的应对机制）。当乔斯的新运动衫蹭到紫色粉末时，他模仿了父亲的风格（承认自己的窘境，然后做到自我控制，深呼吸，继续做要做的事）。

大脑在情绪调节和情绪智力中的作用

查看人脑不同部分的作用，以了解儿童如何逐渐发展情绪调节能力。以下内容简要说明了大脑的三个部分在情绪调节中的作用。

- 边缘系统，包括杏仁核。
- 新皮质，特别是前额叶皮层。
- 前额叶皮层与杏仁核之间的连接或通路。

边缘系统，包括杏仁核

边缘系统是大脑中的情绪中心，并且是人类大脑最早形成的部分之一。杏仁核是边缘系统的一部分，位于脑干的顶部。人的杏仁核在出生时几乎完全形成。

杏仁核的功能是存储我们所有经历的情绪品质的记忆。例如，它存储着你从小在与心爱的宠物的关系中获得的愉悦感和满足感。当有人跟随你离开商店进入停车场时，你的杏仁核也会保留恐惧的记忆。杏仁核观察、审视和监视每一次新的经历，以发现新的危险并提醒你以前存储的危险事件。

假设有一辆汽车跟着你走了十个街区，你的杏仁核就会将其与停车场事件联系起来。你的杏仁核始终保持警惕，发出危险信号并引起焦虑和恐惧的情绪。它尖叫着"危险！危险！"你很害怕，按照杏仁核的命令行事。即使在没有机会分析事件之前，你也要迅速采取行动。打开双闪，靠在汽车的喇叭上，手里时时刻刻都握着手机，以便拨打紧急救助电话。

儿童的杏仁核以相同的方式工作。它可以通过短循环或围绕大脑中的更理性部分的闭合循环来阻碍孩子的大脑。儿童像成人一样，会在思考前采取行动，强烈的情绪像洪水一样击中他们。这是课堂上许多攻击性行为的根源。教师通常希望儿童在行动之前先思考并使用语言。但是，儿童的杏仁核通常会接管并阻止信号到达帮助儿童进行思考或使用这些词汇的大脑部分。

新皮质，特别是前额叶皮层

新皮质的发育比边缘系统的发育晚得多。新皮质使人类能够思考、记忆和计划。它是大脑的理性部分。前额叶皮层（新皮质的一部分）位于人脑的最前面，通过分析信息和刺激来帮助我们选择应对方式。

前额叶皮层的主要工作是平衡杏仁核的纯粹情绪反应。前额叶皮层通过帮助我们分析进入大脑的信息来做到这一点。连接到边缘系统的前额叶皮层接收并处理来自杏仁核的情绪信号，这使人们可以理性地思考情况，从潜在的压力性情绪状态（如愤怒或焦虑）转变为更放松的状态，从而有机会适当地处理情绪。

威利斯是内利斯先生的一名二年级学生，他的情绪智力较低。他似乎不知道自己的愤怒或悲伤的感觉，也不知道如何摆脱糟糕的情绪。星期三，威利斯看到菲利普从一个大篮子里拿出最后一个足球。易怒的威利斯大喊："嘿，菲利普！放下那个球，我要。"他边喊边跑向菲利普，抓住了球。威利斯十分愤怒，因为他以为菲利普正在抢他的球。那些很快生气的儿童经常误读信息并曲解他人的行为，因此他们需要我们的帮助。

一位助理教师看到了这一场景，对威利斯说："停下来，威利斯。从现在开始，我将拿着球。"教师放下球，对十分激动的威利斯说："坐在我旁边1分钟，这样你就可以安静下来，然后我们聊聊。"教师正在帮助威利斯从烦躁的唤醒状态转变为更放松的状态，因为威利斯还不能自己做到这一点。

儿童的前额叶皮层在3—4岁时会有所增长，这在一定程度上解释了一个典型的发育中的孩子的自我控制能力和后来的情绪调节能力的提高。人类的额叶皮层直到青春期才完全发育，这说明了良好的情绪调节能力的漫长发展过程。然而，6岁的孩子，以及一些4—5岁的孩子，其前额叶皮层已经可以在情绪调节方面表现出真正的进步。但是，威利斯在7岁时并未表现出这种进步，因此需要教师的帮助。

前额叶皮层与杏仁核之间的连接或通路

前额叶皮层必须获取有关情绪状态的信息，以使信息有意义。因此，其与大脑情绪中心的连接非常重要。可以将前额叶皮层—杏仁核的连接视为大脑的两个部分之间承载信号的"电缆"。一根薄弱、不发达或损坏的电缆会减慢或阻碍信号通过。在控制情绪方面，大脑两部分之间的连接较弱的儿童处于不利地位，因为他的大脑没有连接前额叶皮层与杏仁核进行交流。

7岁的威利斯就是一个很好的例子。他误读了别人的信号，脾气急躁，就是说，他很容易发怒。他很少给一种感觉命名，似乎大体上意识不到感觉，并且由于社交能力差而易与同伴产生冲突。

一条结实、发达的电缆或通路可以使这些信息在杏仁核和前额叶皮层之间快速传递。这为更好地分析和管理情绪奠定了基础，因为儿童的大脑对此很敏感，就像安装了硬件一样，使前额叶皮层可以获得所需的情绪信息。在前面的例子中，乔斯似乎建立了这种牢固的联系。

帮助儿童建立联系

使用协调、感知和适当关注儿童的情感需求的理念来安装"硬件"：在前额叶皮层与杏仁核之间建立通路。有时，我们会像威利斯的教师那样，有意识地帮助儿童建立这种联系。在其他时候，我们甚至可能没有意识到我们的积极互动正在帮助儿童发展连接和建立联系，而连接和联系是控制儿童情绪的重要硬件。如下所示。

- 告诉儿童，打人会伤害另一个人。
- 对打人的儿童说："乔丹，我想让你用语言告诉肖恩，你很生气。"
- 告诉儿童应该使用的单词，而不是期望儿童自己说出这些单词，如"乔丹，你可以说，'我正在使用录音机，肖恩。还没轮到你'"。
- 安慰焦虑或恐惧的儿童。
- 帮助情绪激动的儿童冷静下来。

- 让儿童明确地知道自己的需求很重要并且值得关注。
- 示范自我控制。妥善处理自己的情绪。帮助儿童学习如何处理自己的愤怒、焦虑、悲伤甚至喜悦等情绪。

至此,你已经在隐藏路径中安装了一些线路,帮助儿童建立了连接前额叶皮层和杏仁核的结实的电缆或通路。

良好的情绪调节和情绪智力的好处

能够控制情绪并具有较高情绪智力的儿童往往会感觉自己与他人的联系更加紧密。他们也比没有这些能力的儿童与他人相处得更好。他们具有胜任感,觉得自己有能力,这些都是积极的自尊的组成部分。他们在情绪上会感到一种总体的平衡感(Skinner & Wellborn,1994)。

当儿童能够调节混乱的情绪时,他们就能很好地解决问题,建设性地处理冲突。他们将更有能力专注于问题或冲突,而不是愤怒、尴尬或内疚。

儿童的情绪:以愤怒为例

愤怒是一种基本情绪,被认为是不愉快的

愤怒:一种基本的情绪,在婴儿早期就很明显;当某种目标被阻止时引发;以多种方式表达。每个人都可以感受到愤怒——伴随着这种强大的感觉而涌动的精力。当一个人感到生气时,体内释放的神经递质会产生大量愤怒的能量。情绪动荡的表现通常包括心跳加速、脸发红、手掌出汗和血压升高。

愤怒和焦虑是最难控制的情绪之一,即使对于成人也是如此。想象一下,这对儿童有多困难。儿童感到愤怒时,他们肯定会表达愤怒,但他们无法理解自己的愤怒,也无法独自处理。成人和儿童都难以应付日常

的刺激或愤怒。一个人如果已经处于压力之下或被其他事情激怒了，就更难以处理愤怒。

安迪通常对食物充满了热情，但今天午餐时他只吃了点豌豆，喝了一口牛奶。内德是这个混龄班的另一个儿童，也是安迪的朋友，他越过桌子上安迪的食物拿起一张餐巾纸。整个早晨和午餐时，安迪都特别安静。他握紧拳头，头斜向一边瞥了一眼内德，眉头紧锁。安迪咆哮着命令他的朋友："离我的食物远点儿，内德！"安迪紧张而愤怒，停止进食并哭了起来。

安迪是本章的重点观察对象，他恰当地表达了情绪，正如你将在本章稍后的内利斯先生的检核表中看到的那样。但是，当安迪的父母把他最喜欢的一匹马带到兽医医院接受手术时，安迪表现得很紧张，这对他来说是不寻常的。因此，当安迪在午餐室做出比以往更激烈的反应时，他的教师并不感到惊讶。教师意识到，安迪通常表达愤怒的语气要轻得多。

是什么导致儿童愤怒

情绪（包括愤怒）的第一要素是情绪的感觉。随着情绪的产生，这种感觉正在冲击我们。费伯斯和艾森伯格（Fabes & Eisenberg，1992）观察并记录了引起幼儿愤怒的典型社交互动，表9.7对此做了进一步说明。

- 拥有权冲突。
- 人身攻击。
- 口头攻击。
- 拒绝。
- 服从的问题。

儿童如何表达愤怒

愤怒（或任何情绪）的第二个组成部分是情绪的表达（Kuebli，1994；Marion，1997）。儿童在婴儿期首先会感受到这种基本情绪。愤怒的诱因主要包括某人或某物阻止我们实现目标。即使是年幼的婴儿，也会遇到许多事件，这些事件会引起他们用脸和声音表达愤怒感（Stenberg，1982）。

教师可能会观察到幼儿通过以下一种或多种行为方面的应对策略表达愤怒（Fabes & Eisenberg，1992）。例子来自玛丽昂（Marion，2003）的研究。

- 发泄。通过面部表情、哭泣、生闷气或抱怨来表达愤怒，这对解决问题或面对挑衅者无济于事。有人认为，如果一个人所做的全部事情只有发泄，即"发脾气"，也就是说，他不采取任何措施解决引起他愤怒的问题，那么这就是不健康的表达愤怒的方式。

    8岁的杰克和吉姆对他们家庭作业中必须解决的数学问题感到愤怒，并通过从学校回家一路抱怨来发泄愤怒。

- 积极抵抗。通过肢体或语言捍卫自己的位置、自尊或占有欲，以非攻击性的方式表达愤怒，这被认为是表达愤怒的健康方式。

    内莉在沙盘上工作，并试图从拉尔夫那里拿走勺子时，拉尔夫表现出了愤怒："那是我的。"

- 表达不喜欢。通过告诉冒犯者自己不和他玩或者不喜欢他来表达愤怒。

    当乔丹推贾丝廷时，她很生气。后来，当乔丹想要坐在她的餐桌旁吃零食时，她说："乔丹，你不能坐在这里。我们不喜欢你。"

- 📖 报复。通过肢体或语言上的报复来表达愤怒。没有任何其他目的的挑衅者——通过辱骂、掐、打或威胁表达自己的感受，被认为是表达愤怒的消极方式，在遭受身体殴打或拒绝的儿童中经常出现。

　　休息时间后，孩子们去了操场。当贾丝廷骑着三轮车时，乔丹正在攀岩馆，对贾丝廷刚才的话耿耿于怀。他大声说："贾丝廷很愚蠢，贾丝廷很愚蠢。"

- 📖 回避。通过设法躲避或躲开让自己生气的人来表达愤怒。

　　贾丝廷对别人喊自己的名字感到有点愤怒，她走开并在操场的另一边玩耍。

- 📖 寻求成人的帮助。通过向成人讲述事件或向教师寻求安慰来表达愤怒。

早期教育教师会看到幼儿所有可能的回应。大多数幼儿通过积极抵抗来表达愤怒，但有些幼儿以攻击性的方式表现愤怒。愤怒时伤害他人的幼儿将学会激进的愤怒处理方法（Hennessy, Rabideau, Cummings, & Cicchetti, 1994）。他们在学校、操场或家中面临普遍的日常冲突时，便诉诸攻击性行为。

教师面临挑战。一方面，我们希望鼓励儿童承认愤怒的情绪，另一方面，我们希望帮助儿童以积极有效的方式表达愤怒。帮助儿童学会控制愤怒情绪的关键是，观察引发儿童愤怒的各种事物，然后观察儿童通常如何表达愤怒。

同伴关系在社会性发展中的作用

教师理应关注儿童的社会性发展。我们关注儿童与他人的互动程度、游戏方式、如何参与人际关系以及适应集体。我们希望帮助他们发展友谊并发展社交技能。简而言之,我们希望帮助儿童提高社交能力。

因此,这部分内容重点介绍儿童的同伴关系如何影响他们的社会性发展。同伴群体以及学校、家庭、社区会影响儿童的社会性以及所有其他方面的发展。鲁宾(Rubin,1998)等人有关同伴互动的文献综述完整地说明了社会性发展中这一复杂但非常有用的方面。我将据此在三个层面上阐述同伴关系。

同伴经验的三个水平:互动、关系、集体

帮助儿童提高社交能力要求我们从三个不同的层面观察儿童在每个水平的经历:互动、关系以及如何在集体中发挥作用。社交能力较好的孩子在这些水平上能够很好地发挥作用。

儿童的互动

乔丹:"给我那个记号笔,拉尔夫!"

拉尔夫:"不,我先拿到它的。"

乔丹伸手抓住了记号笔。

拉尔夫惊讶地抓住了记号笔,手上沾了绿色墨水。

拉尔夫:"停下来,乔丹。这是我的记号笔。"

乔丹和拉尔夫的交流是典型的互动状态。

互动:两个人(这里指儿童)的行为交互所产生的社会交换。每个人都对另一个人做出回应,并且每个人都从另一个人身上引发行为。

想一想你在班级中看到的各种方式的同伴互动,就会认识到可能性有

很多，这是有帮助的。婴儿渴望地凝视其他婴儿，向他们挥手致意并试图建立联系；儿童打架、吵架甚至讲笑话，还会在互动中互相唱傻傻的歌。孩子的互动包括问候、离开或说"再见"、谈判、打闹玩耍、偶尔互相威胁、表现出同理心、帮助另一个儿童、合作、说谎、分享和玩耍。

鲁宾（Rubin，1998）等人建议归纳出三类同伴互动而不是思考无穷无尽的可能性。

- 向他人求助，如问候、表达同理心、帮助。
- 远离他人，如退出互动或联系。
- 反对他人，如任何形式的攻击。

有几个因素影响互动的方式。例如，物理环境如何影响交互？如果有其他人观看，会有所影响吗？每个儿童在小组中的位置如何影响互动？儿童所处的文化或社区有没有影响他们的交流方式、对他人的回应方式？互动过程中每个儿童的个人目标是什么？

作为教师，我们需要不断思考如何使儿童的社交互动丰富和多样。儿童在处理社交互动方面的能力不同，许多儿童无法很好地应对，而更具社交能力的儿童可以有效地应对广泛的社会互动。

儿童的关系

这是思考儿童同伴关系的第二层。关系，是指当两个彼此认识的人（这里指儿童）发生一系列互动时产生的状态。一些关系已经存在了很长一段时间，其中有些关系可能充满冲突（根本无法相处的儿童），或者可能是积极而令人满意的（长时间相处融洽的儿童）。其他同伴关系则比较随意，可能带有敌意，或者令人愉悦（例如，两个不是朋友的儿童坐在同一辆公共汽车上，由此有很多互动）。

像所有人一样，儿童可以有不同类型的关系。友谊是一种特殊的关系（Rubin et al.，1998）：

  📖 孩子们普遍认可
  📖 孩子们有共同的爱好，也有共同的情感
  📖 孩子们是自愿的，不能被安排或分配

儿童的集体

  这是关于儿童同伴关系的第三层思考。集体，是指以某种方式相互影响的个人（这里指儿童）的集合。作为教师，我们关注每个儿童在集体中的表现，教师希望帮助儿童在集体中感到自在并被他人接受。

  集体中的儿童会表现出对其他儿童某种程度的喜欢或不喜欢。因此，有些儿童受欢迎，有些儿童则不受欢迎。观察儿童如何看待集体中的其他儿童是帮助被忽视或被拒绝的儿童的第一步。图9.1描述了受欢迎、一般、被拒绝、有争议的行为等积极行为和消极行为。

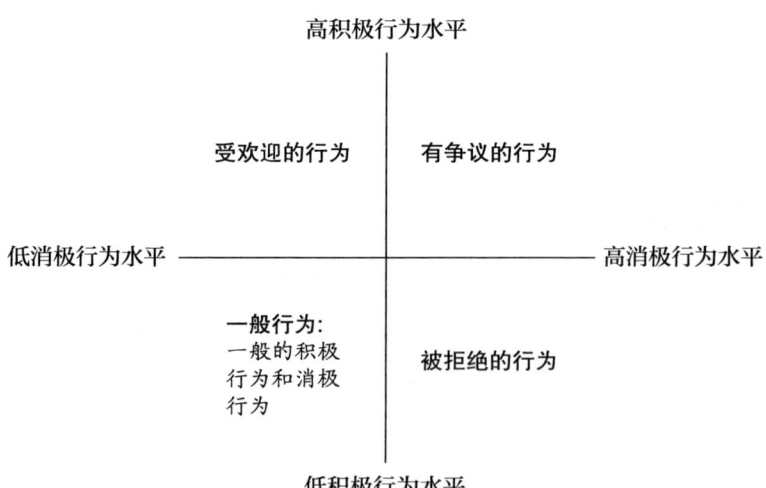

图9.1 受欢迎、一般、被拒绝和有争议的儿童行为水平

社交能力

集体中的社交能力：儿童在同伴关系的三个层次上有效行动的能力，即互动、关系和集体。儿童将能够满足自己的需求，在许多不同的条件下也将具有积极的互动作用，还能够建立和维持良好的关系。其他儿童会以友好的方式对待他，并邀请他与他们一起玩耍和工作。

安迪与其他儿童的互动似乎很成功。内利斯先生通过观察了解了具有社交能力的儿童的样子。安迪通常会积极地与同学互动，主要是因为他具有良好的社交能力。他已经发展了一些友谊，同学们也喜欢他。

皮亚杰和维果斯基：建构主义者看同伴关系的价值

皮亚杰（Piaget，1932）和维果斯基（Vygotsky，1978）为我们理解儿童的同伴互动、关系和集体如何帮助儿童提高社交能力奠定了基础。与同伴的互动和关系使儿童有机会将自己的想法与朋友的想法相撞，协商冲突以及接受或拒绝另一个儿童的想法。鲁宾（Rubin，1998）等人总结了基于皮亚杰和维果斯基的建构主义理论的研究，他们提出：

- 成对的儿童一起工作（互动）可以解决儿童自己无法解决的问题。

    安迪和内德选择了图书馆的同一本书。

    "有什么问题吗？"图书管理员问。

    内德说："我想要一本关于熊猫的书。"

    "但是我先看到了它。"安迪说道。

    教师："好，两个男孩想要同一本书。你们似乎需要解决一个问题。请告诉我，你们想如何解决这个问题。"

    "我可以先阅读，然后安迪阅读。"

    教师："所以……你们可以轮流，安迪，你觉得呢？"

安迪："嘿，内德。我们可以一起读书，想这样做吗？"

内德考虑了一下这个想法。"好，一起阅读。"他对教师说："我们可以一起坐在垫子上读书吗？"

  📖 儿童通过合作而非争辩的方式谈论自己在某个主题上的想法时，会更好地认知。威利斯是二年级学生，社交能力差，朋友很少。在前文的一个例子中，一位教师敦促威利斯坐下来深呼吸，放松身心并减少躁动。这是教师利用专业能力帮助威利斯在认知另一个儿童的观点方面迈出的重要一步。

教师对威利斯微笑，并向他竖起大拇指。"好的，我认为我们已经准备好谈一谈了。我要去找菲利普，把他带到这里，以便我们都可以谈谈刚才发生的事情。"当他回来时，他对两个男孩说："我们需要一起谈一谈刚才关于球的事情。威利斯，你想要球吗？"

"是的，但是菲利普带着它跑了。"

教师："菲利普，请告诉威利斯，你为什么要逃跑。"

菲利普："我就是要拿到足球，然后跑到踢足球的地方。"

教师："威利斯，请问菲利普，当你大喊'放下球'时，他的感觉如何。"

教师对威利斯鼓励式地点点头，威利斯问菲利普这个问题。

菲利普："威利斯，当你对我尖叫时，我很生气。我没有从你手里拿球，我只是先到了球筐那里。"

教师："请告诉我你的想法，威利斯。"

威利斯："我以为菲利普正在从我手中抢球，但他说他先拿到了球。我想，是他先拿到的。"

- 与和知识较少、技能较低的同伴讨论冲突相比，和比较熟练或知识渊博的同伴讨论有冲突的想法通常促使儿童发生更多的冲突，但这有助于孩子在认知上取得更好的进步。
- 当儿童与朋友交流有冲突的想法时，相较于与非朋友讨论，对儿童更有益。

  威利斯和菲利普不是朋友，且菲利普比威利斯更有社交技巧和能力。因此，教师介入并调解了他们的交流。教师知道威利斯会从与菲利普的公开讨论中受益，但他必须指导对话。威利斯第一次能够认识另一个人的观点，因为教师鼓励社交能力强的儿童和社交能力差的儿童之间的对话，但是要彼此尊重。由于这次对话，菲利普也可能开始以崭新的眼光看待威利斯。

社交技能

  良好的社交技能使儿童更容易与同伴互动和建立良好的关系。社交技能：儿童可被观察到的行为，表明他可以调节思想和情绪。受欢迎的、具有社交能力的儿童具有良好的社交技能。

  安迪为自己看过的一部电影而兴奋，他想告诉内利斯先生（他的想法和情绪）。当他看到教师正在和另一个儿童聊天时，他停了下来，站在内利斯先生旁边，没有说话（内利斯先生向全班教授了这个社交技巧）。安迪耐心地等待着（控制着自己的情绪，这表现在他的等待行为中）。内利斯先生在与另一个儿童说话后立即与安迪交谈，首先感谢安迪记得等待。

  有几个因素会影响儿童的社交技能，其中父母与儿童的依恋关系极为重要。拥有来自父母、教师、其他成人和媒体的良好社交榜样是发展相同技能的重要因素。儿童的感知能力、语言技能、认知发展技能（如换位思考）或线索察觉技能也会影响社交技能。在观察儿童如何发展不同技能的过程中，你将亲眼看见儿童社交技能的发展过程。表 9.2 显示了社交技能在发展中的变化。

表 9.2　发展顺序：社交技能的形成

出生到 12 个月
- ※ 对玩伴做出面部表情（微笑或皱眉）或手势（伸出手）
- ※ 通过观察其他婴儿展现出社交兴趣
- ※ 对玩伴的行为做出反应，如接触对婴儿玩耍感兴趣的人

12 个月到 36 个月
- ※ 儿童意识到有人在模仿自己
- ※ 会模仿其他人的活动
- ※ 轮流：观察同伴 / 回应同伴 / 观察并等待
- ※ 表现出帮助和分享行为

幼儿园、学前班和小学
- ※ 能够在扮演游戏和打闹游戏中分享意义
- ※ 表现出通过说话了解了听者的特征
- ※ 对同伴产生自发的善举和同理心
- ※ 适当表达积极情绪
- ※ 可以控制对社交伙伴产生的负面想法
- ※ 知道如何开启对话并保持互动
- ※ 能够"发现"可能进行互动的环境和伙伴
- ※ 明白自己的行为会给自己和接受者带来什么样的后果
- ※ 说话清楚，交谈时轮流发言；不打断他人说话

游戏

重塑我们对游戏发展顺序的看法

游戏是一种复杂的现象，也是天性的基本组成部分。我们如果不承认游戏的复杂性以及发挥作用的不同方式，就会对儿童造成伤害。我们不仅需要计算儿童参与平行游戏、单独游戏或合作游戏的次数，还要观察每个儿童的游戏方式，以及他们如何使用游戏来解决问题，并与其他儿童建立联系。

帕滕的早期研究以及对游戏发展顺序的诠释

帕滕（Parten，1932）观察了40个中产阶级儿童，并以此建立了一个社会参与分组。她确定了六类社会参与类型：无所事事、单独游戏、旁观行为、平行游戏、联合游戏和合作游戏。她认为，这个顺序描述了游戏发展的阶段，年龄较大的儿童表现出越来越多的合作游戏，不会单独游戏。教师们已经接受了这种解释，并开始对帕滕的研究做出改进。

近期相关研究及其对游戏发展顺序的解释

最近的研究澄清并扩展了帕滕的研究（Rubin et al.，1998），使互动方式更加丰富，对教师的工作也更加有用。例如，对游戏的分析显示了，各个年龄段的儿童都参与旁观、无所事事、单独游戏、平行游戏和小组游戏（Howes & Mathison，1992）。这项研究支持了一项较早的研究，该研究表明，3—5岁儿童进行平行游戏的频率似乎保持不变（Rubin，Watson，& Jambor，1978）。

表9.3展示了儿童早期同伴互动的发展顺序。每当你观察互动或游戏时，可以参考它。发展顺序将帮助你明确处于不同年龄的儿童如何进行不同类型的游戏。

表 9.3　发展顺序：童年早期的同伴互动

婴儿

※ 2 个月：被同伴唤起，相互凝视

※ 6—9 个月：微笑，发声，看向别人

※ 9—12 个月：更多地观察他人，模仿同伴，指点事物

学步儿

※ 互动更复杂，持续时间更长

※ 在互动中移动自如并使用词语进行交流

※ 主题游戏或简单游戏首次出现；互动式的模仿，为之后的假装游戏打下基础

※ 轮流行为明显

2—5 岁幼儿

※ 同伴互动的频率、时长和复杂性都有所增加

※ 所有形式的互动都很明显：无所事事、旁观行为、独自游戏、平行游戏和小组活动

※ 3—5 岁儿童进行平行游戏的频率保持不变

※ 单独的感觉运动游戏（看似漫无目的的重复动作）减少

※ 单独的建构游戏增加（独自建造东西）

※ 明显的社会戏剧游戏：一种复杂的群体互动形式

※ 随着年龄增长，积极互动更为常见

※ 攻击性随年龄增长而增加，但积极行为占主导地位

※ 对同伴进行更多言语引导；语言能力强的儿童明显占优势

※ 年龄较大的学前儿童在提出请求方面更具社交技能

小学低年级儿童

※ 慷慨，乐于助人，并且合作增加

（续表）

> ※ 攻击形式从身体攻击变为语言攻击
> ※ 可能出现敌对或攻击性行为
> ※ 假装游戏在童年中期减少
> ※ 有正式规则或无正式规则的游戏明显出现

来源：Rubin et al. (1998).

游戏快照

不同的儿童、年龄、家庭背景和环境会产生不同类型的游戏。以下是几个案例，在阅读时请参考表9.3。

> **案例**：乔赛亚和安迪骑着三轮车去草地，将其停在桌子旁，翻转三轮车，旋转踏板，并宣布开设冰激凌店。他们假装用新的踏板动力冰激凌机制作冰激凌。乔赛亚与安迪商讨了有关成分后，制作了冰激凌，安迪在餐桌上（他们的柜台）卖冰激凌。其他儿童通过点搞笑口味的冰激凌参加游戏。
>
> **评论**：这是经典的社会游戏。在这个复杂的游戏过程中，男孩们表现出了分享意义的非凡能力。

> **案例**：桑迪（一年级）站在孩子们建造"太空飞船"的区域外。她观看并倾听了大约1分钟，然后进入该区域，与另外两个儿童坐在一起撕碎纸片，并将它们放在其他人创建的纸堆中（用纸覆盖火箭）。菲利普说："好，每个人（包括桑迪）！是时候掩盖火箭了。"
>
> **评论**：桑迪首先展示了旁观行为，帕滕（1932）认为这种行为出现的次数在学龄前急剧下降。实际上，桑迪通过在参加小组活动之前确定他们的活动范围，从而表现出良好的社交能力。然后，她坐在桌旁，做其他人在做的

事情，进行平行游戏。同样，她将平行游戏作为一种很好的社交技巧，因为这为她加入小组打通了道路。她加入小组的方法获得了认可，并受邀加入小组，共同合作进行游戏。

案例： 受虐待的儿童朗达在发脾气，她打了娃娃的脸和臀部，"你不可以跟我顶嘴！听到了吗？"朗达的游戏并不愉快，当她游戏时，教师很快就看到她受到严厉对待的证据。

评论： 游戏本来应该是一种快乐的经历，但是受虐待的儿童，其游戏反映了他们生活中的严酷现实。朗达对待娃娃的方式向我们表明了她的压力。

案例： 肯尼曾乘渡轮到祖母那里，他现在扮演船长在水桌上重新演绎了那次旅行。其他儿童也在桌旁玩耍，有时他邀请其他人上船去岛上旅行，还帮助另一个儿童乘船玩耍（见表 4.2）。

评论： 起初，这个游戏似乎是平行游戏，但仔细观察，可以发现肯尼的剧本更加复杂。它显示了他的积极互动、同理心，以及在提出请求时出色地运用语言。它也表明，肯尼以后可以重新设定活动。

案例： 威利斯（二年级）明显地激动和沮丧，站着不动，深呼吸。然后，他走向"减压角"，用手指画画，直到自己平静下来。

评论： 内利斯先生一直在与威利斯（以前的几个例子）合作，以帮助他学习一些积极互动的技能。他还帮助威利斯学习如何以更加积极和令人满意的方式管理自己的情绪。在这个案例中，威利斯向我们展示出他的确取得了良好的进步。7 岁的他通过独自游戏来调节自己的情绪，减少对压力的反应，平静自己的躁动状态。

观察情绪和社会性发展

内利斯先生使用各种非正式的观察工具观察并记录儿童的情绪和社会性发展（见表9.4）。首先，他使用了一个现成的检核表，即"社会性特征检核表"（Social Attributes Checklist，SAC）。他还用教师自编的观察工具，说明检核表中的具体项目。

表9.4　内利斯先生用于评估儿童情绪和社会性发展的观察工具

教师自编观察工具
※ 轶事记录：社会性发展、社交技能、游戏
※ 检核表：班级中儿童愤怒的原因
※ 检核表：儿童如何表达愤怒
※ 评定量表：_____如何管理愤怒情绪
※ 社交互动的照片
现成的观察工具
※ 社会性特征检核表

现成的观察工具：社会性特征检核表

教师使用由麦克莱伦和凯兹（McClellan & Katz，1992，2001）编制的检核表来评估幼儿的社会性发展。该表不会在统计学上比较一个儿童和另一个儿童。作者提示，没有"正确的社会行为"；但是教师应该使用此表来"观察、理解和支持儿童社交能力方面的提高"。例如，检核表的编制人员强调，有些儿童比其他儿童更害羞。他们指出，强迫害羞的儿童加入社交关系可能会使他们感到有压力，非常不舒服。

此检核表包含三个部分（见表9.5）：

- 个体特征
- 社交技能特征
- 同伴关系特征

表 9.5　社会性特征检核表

儿童姓名：安迪（学前班）

日期：10 月 21 日

观察：1　②　3　4

I. 个体特征

儿童：

　√ 通常情绪积极

　√ 不过分依赖成人

　√ 通常自愿参加活动

　√ 通常完全能够应对拒绝

　√ 表现出共情的能力

　√ 与一两个同龄人有良好的关系；表现出真正关心他人的能力，如果他们不在，会想念他们

　√ 表现出幽默感

　√ 似乎并不孤独

II. 社交技能特征

儿童通常：

　√ 积极接近他人

　√ 清楚地表达愿望和偏好；给出行动和立场的理由

　√ 恰当地维护自己的权利和需求

　√ 不轻易被欺凌者吓倒

　√ 有效表达沮丧和愤怒，而不会加剧分歧或伤害他人

　√ 能够加入正在游戏或工作的小组

（续表）

√	就主题进行持续的讨论；对正在进行的活动做出贡献
√	轻松地应对轮换
√	表现出对他人的兴趣；与他人交流信息并适当地询问他人信息
√	与他人进行适当的谈判和妥协
√	不会引起别人对自己的不当关注
√	接受并喜欢与自己不同种族的同龄人和成人
√	以微笑、挥手、点头等方式与其他儿童进行非言语互动

III. 同伴关系特征

儿童：

√	通常被其他儿童接受而不是忽视或拒绝
√	有时会被其他儿童邀请加入他们的游戏、友谊和工作中
√	被其他儿童称为朋友或喜欢一起玩耍和工作的人

来源：McClellan and Katz (1992，2001).

检核表的编制人员敦促教师不仅要使用检核表，还要在一段时间内多次使用，以观察儿童在每组属性中的表现。他们相信，与仅使用一次检核表相比，这有助于更准确、更可靠地描述儿童的社会性发展。

表 9.5 显示了内利斯先生第二次使用社会性特征检核表来评价安迪的社会性发展。他检查了除其中一个属性外的所有属性。教师就安迪的发展水平与其父母进行期中会面时，可以结合这些信息与观察到的信息进行叙述或总结。

内利斯先生观察到，安迪通常在激怒情势中表现出自信。他已经注意到，与许多年幼的儿童一样，安迪对四年级儿童在操场上欺负年幼的儿童似乎感到害怕和焦虑。

编制人员认为，如果一个孩子能符合检查表中的许多属性，就像安迪一样，他的社会性发展水平就足够了。但是，儿童可能会遇到影响其社会性发展的短期困难，它们通常显示某个特定的属性。教师必须能够识别临时问题并超越临时问题来发现儿童社交功能的整体模式。

对于安迪，内利斯先生曾两次核对社会性特征检核表中"通常自愿参加活动"这一项。在安迪的马在兽医医院接受手术的那天，教师知道安迪不愿上学。

教师自编工具：内利斯先生使用检核表、轶事记录和照片

除了社会性特征检核表之外，内利斯先生还使用轶事记录来观察和记录安迪的社交技巧和游戏活动（表 9.6A 和表 9.6B）。这是忙碌的教师的有效方法，它可以产生有益的信息。

表 9.6A　轶事记录

观察目的：观察社会性发展和游戏 地点：室内/工作时间 日期：10 月 10 日，星期二 时间：上午 基本活动：数学操作/小组/表格 观察对象：安迪（学前班） 其他相关人员：路易和内德（学前班）
事件 　　路易和内德已经在玩磁力片了。刚完成另一项活动的安迪看了看科学桌，然后走向它。安迪坐在桌旁的椅子上，然后将第三块磁铁板拉向自己，使其直接放在他面前。孩子们从中间的一个容器中共享了磁力片和桌子。安迪看着路易和内德，然后伸手去拿一些磁力片。他把它们拖向自己面前，并开始工作。最后，他说："我有很多蓝色的磁力片。我要拍一张蓝色的图片。"路易："我有很多红色的磁力片。"安迪："我拍蓝色的图片，你拍红色

（续表）

的图片。也许我们可以一起做出红色和蓝色的图片。"然后，安迪停下脚步，大笑起来："嘿，路易……要是我们混合红色和蓝色的磁力片，你认为我们会得到紫色的磁力片吗？"他被自己的笑话逗笑了，这让我觉得他很开心。路易唱起歌来，他似乎很喜欢作曲，"紫色，紫色，磁力片，磁力片，紫色的磁力片，紫色的磁力片"。

反思/评论/解读

安迪有一个加入小组活动的很好的方式。他在进入或说话之前先观察发生了什么，然后对别人在做什么表示出兴趣，并与他们轻松地交谈。孩子们似乎很欣赏这种风格，并接受安迪作为工作和游戏的伙伴。在本阶段中，安迪的幽默感逐渐增强，他对路易产生了积极影响，由于安迪熟练、积极、有趣的互动，他对这项活动的兴趣似乎大大增加。

表 9.6B 轶事记录

观察目的：观察社交技能和游戏

地点：室内

日期：10 月 17 日，星期二

时间：早上

基本活动：工作时间/小组壁画

观察对象：安迪

其他相关人员：乔赛亚和杰茜卡（学前班）

事件

这项活动是为三个孩子设立的。安迪和乔赛亚一直在墙上的那张长纸上绘画。有三个油漆罐，相应地有三把刷子，三个孩子可以使用每种颜色。安迪在中间工作。乔赛亚在安迪的左边。当安迪和乔赛亚都想使用黄色油漆时，他们各自至少要等待一次，以便对方将刷子浸入油漆中自己再使用刷子

（续表）

（轮流）。杰茜卡走近艺术区，穿上剩下的围裙，然后停了下来，因为男孩们正在使用为活动准备的所有油漆桶（他们移动油漆桶，使这些油漆桶在乔赛亚和安迪之间）。杰茜卡说："我需要一些油漆和刷子。"安迪和乔赛亚看着她。"哦，嗨，乔赛亚，我们需要再次移动，让杰茜卡也拥有油漆和刷子，好吗？"乔赛亚点点头，抓起一个，将其移到中间。安迪移动了第二个，说："杰茜卡也想把黄色的油漆滑到这里吗？"搬完所有的油漆桶后，孩子们继续绘画，右边是杰茜卡。

反思 / 评论 / 解读

安迪和乔赛亚在轮流使用刷子的过程中表现出谈判和妥协能力增强的迹象。在活动开始时，男孩们将油漆罐摆放在他们之间，然后在杰茜卡加入小组时轻松退让。看似简单的平行游戏实际上是两个男孩轮流，进行谈判，有效沟通并表现出积极行为的画面。

内利斯先生意识到愤怒是最难控制的情绪之一，因此他与班上的所有儿童一起编制并使用了一个包含两个部分的"情绪发展检核表"（Emotional Development Checklist，见表 9.7 和表 9.8）。他对引起学生愤怒的日常社交互动类型特别感兴趣，也就是在什么情况下会引起愤怒。他还对每个儿童如何表达愤怒感兴趣。完成这些简短的观察后，内利斯先生使用表 9.9 总体了解了儿童如何管理愤怒情绪。

表 9.7　检核表：班级中儿童愤怒的原因

观察孩子对引起愤怒的社交互动的通常反应。如果孩子有愤怒的反应，请选择"是"；如果没有，请选择"否"；如果你尚未观察到孩子对这种互动的反应，请选择"未观察到"。请写下简短的评论。

儿童的姓名和年龄：安迪，5 岁 7 个月

（续表）

拥有权冲突。有人夺走或破坏了儿童的财产，或侵占了他们的空间。

　×　是　　　　　　____否　　　　　　____未观察到

评论 / 日期：10 月初。他只是有点生气。

人身攻击。对孩子的身体所做的事情，如推或敲。

　×　是　　　　　　____否　　　　　　____未观察到

评论 / 日期：9 月，操场，四年级学生的攻击性事件。

口头攻击。嘲讽，取笑，侮辱或贬低言论。

　×　是　　　　　　____否　　　　　　____未观察到

评论 / 日期：与人身攻击一样，对同样大的孩子。

拒绝。被其他孩子忽略或拒绝一起玩耍。

____是　　　　　　____否　　　　　　　×　未观察到

评论 / 日期：

服从。有人要求或强迫孩子做孩子不想做的事；几乎所有有关服从问题的愤怒都发生在成人和儿童之间。

____是　　　　　　　×　否　　　　　　____未观察到

评论 / 日期：所有学期。安迪似乎没有这方面的问题。

结论

当有人拿走安迪身边的东西时，安迪会表现出愤怒，这对于学前班的孩子来说并不少见。当有人袭击他时，他似乎会感到愤怒，这也不罕见。安迪对这些事件的反应是积极的，这体现了他良好的情绪意识。

来源：Fabes and Eisenberg (1992); Marion (2003).

表 9.8 检核表：儿童如何表达愤怒

观察儿童对引起愤怒情绪的情境的反应。如果儿童如下述方法表达愤怒，请选择"是"；如果儿童未用下述方法表达愤怒，请选择"否"。观察至少要持续几天。

儿童的姓名和年龄：安迪；5 岁 7 个月

发泄。大哭、生闷气或抱怨；发脾气。
____是   _×_否
评论：

积极抵抗。用肢体或语言以非攻击性的方式保护自尊和拥有物。
_×_是   ____否
评论：当某人从安迪那里拿走东西的时候。

表达不喜欢。告诉冒犯者自己不和他玩或者不喜欢他。
____是   _×_否
评论：

报复。在没有其他明显目的的情况下，用肢体或语言报复冒犯者，如骂人、挤压、殴打或威胁。
____是   _×_否
评论：

回避。试图逃避或躲避冒犯者。
_×_是   ____否
评论：躲避打人的四年级学生。

（续表）

寻求成人的帮助。告诉成人事情或寻求成人的安慰。

___×___ 是　　　　___ 否

评论：当打人的四年级学生在附近时，安迪就在我旁边玩。

结论

安迪通常会运用良好的社交技能，以健康积极的方式表达愤怒的情绪。如同所有年幼的儿童，他在与具有攻击性的更大儿童接触时需要帮助。同时，更大的儿童也需要学校提供的帮助。

来源：Fabes and Eisenberg（1992）；Marion（2003）。

表 9.9　图形评定量表：安迪如何管理愤怒情绪

反思你对孩子的观察，评价他如何"管理"愤怒情绪。对于每项内容，请选择最能描述孩子的等级，并在评定量表上圈选适当的位置。在"评论"部分写一个简短的叙述。在撰写有关儿童成长的观察报告时，请使用此信息。

儿童的姓名：安迪，5 岁 7 个月

日期：11 月

	总是	经常	偶尔	极少	从不
适当地使用词语表达愤怒	○				
生气时会罢工					○
心烦时会骂人					○
对教师适当地表达愤怒	○				
对其他孩子适当地表达愤怒		○			
说出沮丧和愤怒的词汇		○			

评论

我的总体印象是，安迪虽然只是学前班儿童，但他很好地学会了控制愤

（续表）

> 怒情绪。我唯一一次看到他的情况不好，那是当他承受着巨大的压力，在午饭时对他的好朋友内德大喊大叫的时候。即使他十分愤怒，但他还是使用了"积极抵抗"的正向策略。

内利斯先生将各种非正式评价的信息与他为安迪的社交互动所拍摄的数码照片结合在一起，就像他为其他儿童所做的一样。他利用这些信息撰写了安迪的情绪和社会性发展轶事记录。

帮助你建构观察知识和技能的活动

选择一个儿童观察数周。使用本章中的工具，计划、观察和评估儿童的情绪和社会性发展并进行游戏。

活动 1

在儿童与其他儿童互动时，至少要对儿童的情绪和社会性反应做三次轶事记录。

活动 2

使用"检核表：班级中儿童愤怒的原因"和"检核表：儿童如何表达愤怒"评价儿童的愤怒情绪。同样，连续观察几周，你将获得更完整的信息。写下简短的评论，以明确每个题项。使用"评定量表：＿＿＿＿＿＿＿如何管理愤怒情绪"评价儿童处理愤怒情绪的整体能力。

活动 3

使用"社会性特征检核表"记录你对儿童的个体特征、社交技能特征和同伴关系特征的观察。

活动 4

反思。查看你在轶事记录、两个愤怒检核表和社会性特征检核表中收集的信息。反思你所观察到的内容,并为儿童的情绪和社会性发展写一篇轶事记录或总结(可以使用附录 1 和附录 2 作为指南)。

第 10 章　用观察预防和解决问题

本章目标

1. 从问题解决视角出发剖析观察的价值。
2. 总结具备问题解决视角的教师的特征。
3. 阐释如何运用观察策略预防或解决问题。
4. 反思自己与儿童一起工作时预防或解决问题的经历。

从问题解决视角出发

在小说《伊甸之东》（*East of Eden*）中，约翰·斯坦贝克（John Steinbeck）提到，生而为人的美妙之处在于我们有所选择。作为成人，我们当然有能力做出有意识的选择和决定。反思型教师每天都在进行明智的抉择。

所有教师都必须应对争论、困境和问题。每间教室的情况迥然不同，但是每一位教师都必须直面问题。艾尔菲·科恩（Alfie Kohn，1996）认为，教师应对典型的日常问题，尤其是那些更为严重的问题时，要做出积极且有意识的决策。

具体来说，科恩描述了当问题出现时可供教师选择的两条路径。一条路径导向对问题的反应——往往是非理性的、不合逻辑的。这是不假思索与冲动反应之路。例如，如果教师察觉到纪律问题并且反应冲动，他就很可能惩罚儿童，而不是认真地思考问题。另一条路径则导向理性的、有意识的问题解决方案，这就是问题解决之道。

科恩鼓励教师在遇到令人沮丧或困惑的情况时，考虑采取预防问题或解决问题的倾向与态度。这类反思型教师具有一些共同特征。

反思型教师承认问题的存在

反思型教师往往倾向于直面现实。他们不否认问题就摆在眼前。他们意识到，承认问题的存在是解决问题的第一步，即使这意味着大量的思考与工作。他们也意识到，有许多潜在的问题，幸运的是，他们相信至少可以预防其中的一部分。

克莱本先生几乎立刻意识到，萨姆害怕全班儿童在散步时发现的那只兔子。他并未否认萨姆的这一恐惧是真实存在的，而是在知道自己可以帮助萨姆的情况下将其视作一个问题。

* * *

瓦尔加斯女士的幼儿园两年前有一个孩子，叫罗伯特。他的父亲曾对他施加身体虐待，由此瓦尔加斯女士知晓罗伯特有一些潜在的问题。

在解决问题时，反思型教师能够采取专业且符合道德规范的方式

反思型教师的目标是解决问题，而不是闲聊或抱怨。他们确实会思考问题，但并不会浪费时间翻来覆去地思考。他们会寻找有关问题的相关信息，但尽量避免将问题归咎于任何人。尽管反思型教师可能会就某个问题向同事寻求建议或者忠告，但是他们不会就儿童、儿童的家庭或者某个具体的问题说三道四。他们并不对儿童或其家庭进行评判，而是将讨论主要聚焦于如何帮助儿童或其家庭。

反思型教师会传达这样一种态度："这是个问题，但我可以找到解决方案。"

瓦尔加斯女士在应对罗伯特被虐待后的创伤时，与指导顾问桑蒂尼先生讨论了这个问题。他们一起回顾了受虐待儿童很可能面临的潜在问题，桑蒂尼先生也就此提出了一些建议。瓦尔加斯女士和桑蒂尼先生都没有与其他人谈论过这个问题。他们都认为这类讨论是保密的，不会和其他教师提及。

在解决问题时，反思型教师能做好情绪管理

管理好突如其来的情绪是教师在应对问题时保持专注的一个要点。有些教师非常善于管理不良情绪。

情绪包含三个维度（Kuebli，1994；Marion，1997）：

- 情绪感受
- 情绪表达
- 情绪理解（即解读与评估情绪的能力）

儿童与成人在应对情绪上存在差异

儿童能够感知情绪，并以多种方式表达（Fabes & Eisenberg，1992；

Marion，2003）。然而，他们无法解读或评估自身的感受，因此也就无法理解情绪。例如，当一个两岁半的女孩在被人抢走玩具时感到生气，她可能会通过大声尖叫来表达这种愤怒之情。很有可能，她甚至无法命名这种情绪，更别提解释这种情绪了。

个体必须能够评估和解读（理解）自身的情绪，然后才能进行情绪管理。因此，儿童是无法管理好自己的情绪的。

成人也能够感知并表达情绪。许多成人可以明确地评估、解读、理解自身的情绪。这种能力使其能够负责任地管理愤怒、羞耻、内疚、快乐或其他情绪。不幸的是，有些成人在管理情绪时是不负责任且轻率的，使自己、他人和动物受到伤害、侮辱或局促不安，甚至损害财产。

在面对问题时，教师的情绪会被触发

即使是最负责任和最善于反思的教师，他们在遇到问题时，也会感受到情绪的波动。当遭到不公或忽视时，他们往往会感到焦虑，甚至愤怒；当儿童挑衅好斗时，他们可能会感到沮丧和恼怒；或者当儿童的父母没有准时来接孩子时，他们会感到困惑和受挫。

反思型教师能够理解并负责任地管理好自己的情绪，为儿童和家长树立榜样。他们意识到自己的主要责任是分析表面的问题及潜在的问题，以便为儿童提供帮助。即便在感受这些普遍的情绪时，他们也会保持理智。

当李先生听到三年级学生杰茜对一个刚戴上眼镜的学生说"嘿，让我数一下你的眼睛！看这儿，四眼"时，他不由得眉头一皱。随后，杰茜唱道："四眼、四眼、四眼。"当杰茜这样说时，李先生感到非常惊讶，因为他清楚杰茜是一个友善热心的孩子。

李先生说："当我听到这些话时感到很难过。因为在我五年级第一次戴眼镜时，有人叫我'四眼'，我还记得当时我有多生气。"他理解自己的感受，也理解杰茜所说的话使他感到心烦意乱的根源。这样一来，李先生能够更好地思考如何帮助杰茜理解她的语言有多么伤人。教师把注意力聚焦于杰茜一贯的良好品行上，并能够坚持从他人的立场出发看待问题。如果李先生仍然心有不悦，他就不可能做到这一点。

反思型教师将观察视作解决问题的重要工具

在处理问题时，反思型教师采用儿童指导决策模型（Decision-Making Model of Child Guidance；Marion，2003）。该决策模型包括四个步骤（见表1.2）：

- 观察
- 决定
- 行动
- 反思

对问题做出明智决策的第一步是观察。当教师通过观察获得有用的信息时，便会更为理性地决定如何指导。

在解决问题的过程中，反思型教师也致力于认真观察。他们重视观察，因为观察能提供丰富的信息。他们是熟练的观察者，会选择最有效的方法来获取预防或解决问题所需要的信息。他们完全明白，如若不先进行观察，就无法针对问题做出正确的决定。观察是为问题构建切实可行的解决方案的基础，或者在许多情况下，也是预防问题的基础。

用行动解决问题

本章的这一部分着重阐述，对忙碌的教师来说，在真实的教室环境中如何为了预防或解决问题进行观察。你将了解四位教师是如何通过观察来预防和解决问题的。

- 瓦尔加斯女士（幼儿园）意识到一名遭受虐待和忽视的幼儿存在潜在的问题。
- 克莱本先生（小学一年级）必须决定如何应对儿童的恐惧。
- 内利斯先生（学前班至小学二年级）希望帮助一个学前班的儿童，他在应对挫折时经常愤怒地放弃。
- 李先生（小学三、四年级）希望尽量减少转校生的潜在压力。

用行动解决问题：瓦尔加斯女士（幼儿园）

问题：儿童遭受虐待和忽视

具体来说，瓦尔加斯女士所在的班级面临着几个潜在的问题，因为她的一名学生曾遭到父亲的身体虐待。她立即想到了虐待可能对该幼儿产生的影响。她也考虑到罗伯特所受的虐待会在班级中产生怎样的影响，因为多年来，班上曾有过被虐待和忽视的其他孩子。教师担心儿童受虐待产生的影响，因为他们知道，儿童受虐待即使程度极轻，也会对他们造成伤害。而最严重的虐待甚至会威胁儿童的生命。

教师应该知道被虐待的儿童在身体或行为上的指标，或两者兼具（Tower, 1999）。教师应了解所在州关于虐待儿童的法律法规（美国各州的法律都定义了虐待行为并列出每种虐待行为的指标），并通过遵循学校有关举报疑似涉嫌虐待行为的规定来保护儿童。有职业道德的早期教育专业人员能够敏锐地意识到，且从不试图逃避其报告责任。他们努力识别受虐待或被忽视儿童在身体和行为上的指标。

教师往往会发现受虐待儿童在教室里表现出来的行为，且此类行为通常对教师来说是个挑战。教师先通过观察明确儿童所遭受的虐待是如何影响儿童的，然后着手制订帮助儿童的计划。

瓦尔加斯女士如何运用观察：检核表与轶事记录

瓦尔加斯女士是具有前瞻性的。她试图找出罗伯特在与其他幼儿一起工作和游戏时所面临的问题，然后仔细思考最有效的观察策略，以获得有关罗伯特因受虐待而造成潜在影响的信息。最终，她决定结合运用检核表和轶事记录。

检核表

指导顾问在与瓦尔加斯女士讨论罗伯特过去遭受的虐待时，给她提供了一份受虐待或被忽视的儿童行为指标（见表 7.3）。瓦尔加斯女士决定将这份清单转化成一份检核表，并用它对罗伯特进行观察。

瓦尔加斯女士在观察记录时总是小心翼翼的，对待这份检核表也更加谨慎。通过运用检核表获得需要的信息后，她再次咨询了指导顾问桑蒂尼先生，然后销毁了检核表（见表 10.1）。

表 10.1 检核表：受虐待或被忽视儿童的特征

☐ 看似超乎实际年龄
☐ 缺乏游戏能力
☐ 超出年龄和发展阶段的脾气
☐ 低自尊——其行为方式表明，他觉得自己没有能力或控制力，不值得别人注意
☐ 退缩——可以但并非总是意味着受虐待
☐ 对同伴、动物、成人以及自己长期具有攻击性或明显的敌意
☑ 过度的消极警惕
☐ 强迫或努力控制生活中的某些琐碎小事
☐ 害怕失败
☐ 难以听从或执行指令

（续表）

> ☐ 难以组织思维并使其概念化、言语化
> ☐ 表现出退行性行为，如尿床、吮指、说儿语
> ☐ 社交技能匮乏
> ☑ 极度害羞
> ☐ 偷窃或囤积食物
> ☐ 对他人没有或很少有同理心
>
> **说明／评论**
>
> 迄今为止，罗伯特尚未表现出攻击性行为。例如，他几乎一直在观察别人，甚至在做艺术作品或者在玩水时也是如此。在我的印象中，他也很害羞，几乎是极度害羞。但我需要更多的相关信息。

轶事记录

在使用检核表之后，教师能较好地了解虐待对儿童造成的主要影响。通过长期不间断的简短记录，教师可以轻松地观察这些指标：轶事记录，这是一种有效且相对容易实施的观察方法。

瓦尔加斯女士围绕两个指标进行了观察，即过度的消极警惕和极度害羞。她注意到需要更多的信息，因此她决定在接下来的几个月里针对这两个指标进行轶事记录。她通常使用表10.2做轶事记录。下面是她观察到罗伯特羞怯表现的轶事记录中的一个例子。请注意，教师从不使用"虐待儿童"一词。相反，她关注的是罗伯特加入集体的能力。

表 10.2　轶事记录

> 观察目的：观察罗伯特加入小组游戏／工作时的状况
> 地点：积木区
> 日期：10月22日

（续表）

> 时间：早晨
> 基本活动：搭建积木
> 观察对象：罗伯特
> 其他相关人员：一名男孩，一名女孩
>
> **事件**
> 罗伯特站在积木区边缘并注视着里面，但从不与其他正在游戏的同伴对话。一个男孩叫罗伯特去玩，但罗伯特把头扭开，身体仍停留在积木区的边缘。他并不看向这个男孩，最终该男孩返回接着游戏。于是罗伯特又转过头来继续看。
>
> **反思 / 评论 / 解读**
> 这是我第三次注意到罗伯特渴望地观望。他从来不具有攻击性，似乎很想参与游戏。但是他很难和他人交流，即使是被邀请加入游戏的时候。

用行动解决问题：克莱本先生（小学一年级）

问题：一个孩子的恐惧

克莱本先生目睹了萨姆产生恐惧之情的过程。当时全班学生正在散步，一只棕色的大兔子忽然从田野中疾驰而过。具体而言，该教师的困境是理解萨姆的恐惧。

恐惧是在儿童 2.5—7 个月大时出现的一种基本情绪。它似乎与其他基本情绪类似，如愤怒、悲伤、快乐和惊讶，都是生物性的。也就是说，基本情绪是人类与生俱来且根深蒂固的。因此，来自各种文化背景的儿童几乎都会表现出这些基本情绪，并且是以几近一致的方式表现出来的（Shaffer，1996）。

克莱本先生在教学生涯中曾多次看到孩子们表现出恐惧这一基本情绪。他认为情绪是自然且正常的，也能完全预料到儿童会表现出悲伤、生气、快乐或害怕等情绪。他知道，随着儿童年龄的增长，他们可能会害怕特定的环境与物体。

出于某种原因，他怀疑萨姆害怕兔子，但除非收集更多的信息，否则他无法肯定。他所见的是萨姆对那只活生生的、会呼吸的、蹦蹦跳跳的兔子产生的恐惧。然而，克莱本先生需要知晓并证明，萨姆对这只兔子的恐惧是否在面对其他"兔子"的情况下也会表现出来。

该教师认为，他需要多次观察才能有理有据地证实他的初始想法是无误的，这一思路是正确的。观察者不应急于判断，也不应草率定论，只有在收集了足够的信息或数据之后，才能得出合理公正的结论。当他们通过观察收集到信息之后，他们就能看到模式，而随着时间的推移，这些模式提供了最为有用的信息。

克莱本先生如何运用观察：持续性记录和轶事记录
持续性记录

"在这种时候，"克莱本先生说道，"我希望有一位摄影师跟着我们，拍摄像兔子事件这样的事情"。由于希望尽可能准确地记录，该教师决定，除录像之外，最好的办法是对事件做一份书面记录。

他和实习教师一起完成了一份简短的持续性记录，由克莱本先生带头撰写。这位实习教师评论道，她觉得自己像一名在写案件记录的侦探。他们仅记录了全班散步的一段回忆，一段用于处理特定问题的回忆。表10.3展示了该持续性记录[1]。

---

[1] 这是一个发展性的持续性记录。很多教师也通过持续性记录观察幼儿的阅读发展。

表 10.3　持续性记录："皮卡车上的狗和兔子"

背景信息	集中观察	反思/评论
大约在上午 10 点 15 分，全班在街区散步，查看学校棒球场的建造进度。	离开办公室后，我们从正门离开了学校。我走在前面，实习教师特蕾莎在最后，孩子们走在我们的中间，每个孩子与一个同伴并排走着。	
所有孩子都在这里，还有教师和实习教师。	萨姆继续走着，像往常一样和他周围的同伴闲聊。他向我喊道："嗨，克莱本先生。黄灯（交通信号）在闪烁。这是什么意思？它坏了吗？"	萨姆像往常一样，放松而好奇。
萨姆走到克莱的身旁。	就在他说完这句话的时候，一辆红色的大皮卡车在灯光下发出刺耳的声音，缓缓行驶。卡车后面的那条狗看到了孩子们，开始转圈，先是轻轻地呜呜叫，然后声音稍微大了一些。	萨姆看了看狗，但似乎没有过度紧张或害怕。
	孩子们都注意到了这条狗，并指着它，催促我们也看一看。特蕾莎平静而坚定地说："谢谢你们把狗指给我看。现在，看着我。"	萨姆看着特蕾莎。
	她把手指放在嘴唇上说："嘘——我们安静点，不要吓到它。"她把手放在脸上，又说道："看我的脸。很好。现在让我们回到运动场。"	
	特蕾莎说话时，孩子们看着她，有些孩子回头看了看那条狗，但没有人说其他的事。	

（续表）

背景信息	集中观察	反思/评论
	我们让孩子们继续前进，很快就来到了运动场，但是一些孩子仍然看着离开的卡车，狗仍然看着孩子们。 正当所有人都朝同一个方向前进时，特蕾莎尖叫道："一只兔子！看，一只兔子！"每双眼睛都转向了特蕾莎指的方向。当兔子飞快地穿过运动场时，孩子们尖叫着，用手指着，跳上跳下。 然而，萨姆停了下来，紧闭眼睛，双手握拳举到脸上，手掌朝内地遮住眼睛。他绷紧了脸，用力地说："不！"	萨姆没有做出像其他人那样的反应。这对萨姆来说可能是恐惧，但孩子们正处于一种高度情绪化的状态，即他们已经做好准备去感受各种情绪。萨姆可能是害怕了，但他也可能是因为皮卡车上的小狗而感到焦虑不安。 我认为，我们需要通过其他形式的观察来验证这一点。

这篇持续性记录包含两个要点。首先，它记录了兔子事件，便于教师反思。他们就整个事件进行思考，回忆了一些关键要素，如果没有把这些要素记录下来，他们就可能永远无法想到或者会遗忘这些要素。

其次，持续性记录揭示了一个关键问题：萨姆真的表现出恐惧了吗？被皮卡车里的狗触发的兴奋感，可能在萨姆对兔子的反应中发挥了重要作用。他的反应似乎是害怕，但也可能是紧张。教师不得不再次进行观察。

轶事记录

由于他们都对萨姆是否真的害怕兔子一事存疑，克莱本先生便让实习教师撰写了四五篇有关萨姆在其他情况下对兔子的反应的轶事记录。她观察了萨姆看着照片、视频或书中的兔子时的反应。当孩子们在同一地点发现两只兔子时，她撰写了轶事记录。她还观察和记录了萨姆对一只与兽医一同来访的兔子的反应。表 10.4 显示的是她在这一系列观察中的最后一次观察，以及她与克莱本先生达成的共识。

表 10.4　轶事记录

> 观察目的：萨姆对兔子的反应（害怕兔子？）
> 地点：大组活动区
> 日期：10 月 7 日，星期三
> 时间：午餐后
> 基本活动：访客（兽医与兔子）
> 观察对象：萨姆
> 其他相关人员：全班儿童
>
> **事件**
> 萨姆坐在他平时坐的地方，就在克莱旁边。兽医把这只兔子放在一个装饰着兔子图案的小房子中。萨姆身体前倾，双臂随意地交叉搭在膝盖上，头微微向前。萨姆听着客人说话，脸逐渐皱成一团，带着疑问的神情。活动进行到一半的时候，萨姆说："我的朋友珍妮养了一只兔子，它吃兔食。这只兔子也必须吃特定的食物吗？"

> **反思/评论/解读**
>
> 这是我对萨姆和兔子进行的第五次观察。除了那一次户外事件,他从来没有在谈及兔子这个话题时表现出恐惧。当他看着兔子的照片、视频中的兔子和兔子宝宝以及学校附近(恐惧出现的地点)的两只兔子时,我观察到了这一点。再加上真实兔子的到来和萨姆的从容神态,我的结论是,萨姆并不害怕兔子。由此,我总结出:当我们看到第一只兔子时,萨姆只是激动得不知所措。

克莱本先生回顾了实习教师做的原始轶事记录,并基于她的观察同意她的意见。持续性记录和一系列简短而有针对性的轶事记录为他们提供了所需信息。

用行动解决问题:内利斯先生(学前班至小学二年级)

问题:儿童生气时会伤害他人

本书第 6 章已描述了如何通过定期观察报告来帮助家长了解儿童的发展和进步情况。内利斯先生知道,家长需要了解孩子存在的问题,并且他会毫不犹豫地指出这些问题。

詹纳是他班上的一名儿童。他注意到她很难应对沮丧、恼怒等情绪。他决定在这一领域更加密切地观察詹纳以解决这个问题。

内利斯先生如何运用观察:轶事记录和评定量表

轶事记录

内利斯先生结合使用了两种教师自编的观察工具。首先是轶事记录,这是他整体评估计划的一部分。他计划每学期给每名儿童撰写 5~6 篇轶事记录。像学校中的其他早期教育教师一样,他认为这是一种获取每名儿童在特定发展领域的信息的好方法。因此，每名儿童的轶事记录都针对某个特定的发展领域。

对于詹纳，内利斯先生决定通过轶事记录来评估其在情绪方面的发展情况。具体而言，他想了解詹纳是如何表达愤怒与沮丧的。表 10.5 展示了其中一篇轶事记录。

表 10.5　轶事记录

观察目的：观察一个孩子如何管理沮丧或恼怒情绪

地点：体育馆

日期：10 月 12 日，星期一

时间：下午 2 点

基本活动：儿童两两结对练习投球技巧

观察对象：詹纳

其他相关人员：约翰、史蒂芬（学前班）

事件

　　詹纳和约翰是搭档，在像实习教师示范的那样投球。正当詹纳等着约翰扔球的时候，史蒂芬扔出了他的球，结果球打到詹纳的腿并弹开。詹纳看着史蒂芬说："停下来，史蒂芬！别打我！你太蠢了。"

反思 / 评论 / 解读

　　教师观察了三次詹纳在与其他儿童互动时对挫折和恼怒的反应，发现每次同伴做了惹她生气的事情时，她都会骂人。

评定量表

内利斯先生在查看了这些信息后对詹纳的问题感到担忧，于是他利用从轶事记录中收集到的信息完成了评定量表。他最初设计的评定量表仅适用于詹纳，但后来决定保留一份原件，以便在有需要时再次使用。

表 10.6 是他自编的评定量表。他圈出了对每一题项的评分,并做了简短的总结。在他为与詹纳的家长会面时撰写的观察报告中也提到了这一点(见第 6 章)。

表 10.6　图形评定量表:詹纳如何管理愤怒情绪

儿童的姓名:詹纳
日期:12 月 10 日

这个学期,我一直在观察詹纳是如何处理愤怒情绪的,并且使用了轶事记录。一周前,我通过从轶事记录中收集到的信息完成了这个评定量表,以评估詹纳处理正常的挫折感和愤怒情绪的能力。我已在每一项上圈出了选项。

	总是	经常	偶尔	极少	从不
适当地使用词语表达愤怒					○
生气时会罢工		○			
心烦时会骂人			○		
对教师适当地表达愤怒				○	
对其他孩子适当地表达愤怒					○
说出沮丧和愤怒的词汇				○	

评论

詹纳很难控制自己的情绪。我的观察表明,她需要我们帮助她学会用语言来命名愤怒、悲伤或失望的情绪。现在,当她愤怒的时候,她就会抓狂;当她伤心、失望或沮丧的时候,她就会大喊大叫或骂人。我们正努力教她在正常但不愉快的情绪袭来时使用恰当的词语。

用行动解决问题：李先生（小学三、四年级）

问题：尽量减少转校生的压力

李先生在 11 月 1 日得知，一名三年级学生迪安将搬到附近，并就读于李先生所教的班级。李先生曾一直怀疑搬家是否会引发压力，但最近他在一个关于减轻儿童生活压力的研讨会上了解到搬家所带来的压力。李先生希望为迪安避免一些这类压力。同时，他还想为迪安的家长提供必要的信息与支持。

李先生如何运用观察：检核表

李先生本可以从几个有效的观察策略中选择，但他选择了一个能最大限度地帮助儿童避免压力的策略。因此，他选择将重心放在追溯自己的实践以及与该问题相关的责任上。

为了明确地指导自己的实践，他设计了一个清单，然后作为指南贯穿其帮助迪安的整个过程。他列出了教师可采取的一系列措施，以尽量减轻搬家给儿童带来的压力。他把这张清单转化为一份检核表，以确保没有遗漏任何可能对迪安的有益之处。他并没有把检核表中的每一个想法都用上，而是选择了他认为对迪安及其家庭最有帮助的策略（见表 10.7）。

表 10.7　检核表：如何减轻搬家给儿童带来的压力

- ☐ 获取儿童的档案并仔细阅读。可以遵循学校的政策，联系之前的教师以明晰问题。
- ☐ 若学校鼓励，可进行家访。
- ☐ 让儿童及其家长熟悉新学校。邀请他们来学校参观，这样新学校在儿童入学的第一天就不会显得那么陌生。
- ☐ 确保儿童及其家长知道你班级的时间表。将时间表发给他们，并鼓励家长讨论。

（续表）

- □ 为儿童创造空间，准备一个储物柜或小空间、供午睡的床，以及其他个性化的区域或材料。在儿童到来之前就准备好。
- □ 和儿童拍一张合影。在儿童加入班级的第一天就这样做。
- □ 走一遍班级或学校的常规流程，比如如厕、洗手、吃零食或午餐、上公交车、等待家长。
- □ 带领班级儿童进行消防安全演习，以使每个人（包括新生）都清楚流程。
- □ 询问儿童新的一日生活与他之前的学校有何不同或相似之处。
- □ 与儿童交谈，了解他在学校喜欢做什么。
- □ 让儿童按照自己的节奏参加新班级里的活动。
- □ 请班上的其他儿童担任向导。要求应具体，如："乔，请和罗伯特一起去餐厅。他将坐在你的旁边，你可以向他介绍我们学校是如何供应午餐的"。
- □ 让每个儿童都佩戴名签，这样新成员就可以知道他们的名字。
- □ 与儿童或全班儿童一起阅读关于搬家的书。
- □ 仔细倾听儿童对搬家的感受。认可其感受，并避免强制其产生不同的感受。

来源：Marion，M. (2003). *Guidance of young children* (6th ed.). Upper Saddle River, NJ: Merrill/Prentice-Hall.

帮助你建构观察知识和技能的活动

活动 1

写日志：反思自己的经历。请描述一个你在与儿童一起工作时遇到的具体问题。从你的角度来看，你成功地处理了这个问题吗？如果是，为什么？如果不是，请解释原因。

选择一种你认为有助于更有效地解决问题的观察策略。请解释，你为什么认为它会对你有帮助？

活动 2

请从四个案例中选取一个，以说明奥克劳文学校的教师如何利用观察来预防或解决问题，并解释为什么他们采用的观察策略有助于解决问题。

第 11 章　基于观察的反思型教师

本章目标
1. 阐明反思性教学的意义与价值。
2. 总结教学中反思的不同层次。
3. 评估你反思自身实践的能力。
4. 把观察视为教学中自我反思的关键。
5. 解释如何使用不同的观察工具来反思教学实践。

专业发展计划：奥克劳文学校（案例研究）

奥克劳文学校的早期教育教师已决定在本年度的教师发展计划中强调反思性教学（reflective teaching），且"自我反思行动"正在进行中。该计划的一项主要内容是让每位教师都学习同一门在线课程，即"反思型教育者"（The Reflective Educator；ASCD，2000）。其目标是使教师运用该课程的知识来提高其反思教学实践的能力。

该计划的第二部分是鼓励每位教师制订一份以教学反思为重点的专业发展计划。李先生、内利斯先生、克莱本先生和瓦尔加斯女士作为一个小组，决定对他们的教学实践进行自我评估。他们选择了两种现成的工具，一种是专为学前儿童设计的，另一种是为小学阶段儿童设计的。小学教师（内利斯先生、克莱本先生和李先生）使用"小学低年级课堂实践评量表"（Assessment of Practices in Early Elementary Classrooms，APEEC，Hemmeter，Maxwell，Ault，& Schuster，2001），幼儿园教师（瓦尔加斯女士）则使用"幼儿学习环境评量表"（Early Childhood Environment Rating Scale，ECERS，Harms，Clifford，& Cryer，1998）对教学实践进行观察评估。

通过自我评估，每位教师都发现了一些发展适宜性的实践做法，还确定了其教学实践中希望改进的两个方面。然后，每位教师列出了在课程以及教学评估中对教师发展的具体要求。校长批准了以下有关反思和教师发展的计划。

- 所有早期教育教师都发现，他们需要反思在课堂上使用媒介（电视、录像机或计算机）的方式。
- 瓦尔加斯女士（幼儿园）希望反思班里的数学教育，即班级如何进一步调整与数学有关的材料、设备或活动。
- 克莱本先生（小学一年级）希望反思如何展示儿童的作品。

- 内利斯先生（学前班至小学二年级）希望反思如何促进家长的参与。
- 李先生（小学三、四年级）希望反思对儿童的指导，重点是帮助儿童学习解决冲突。

教学反思

何为教学反思

反思，是指沉思、审视、思考与斟酌。反思涉及教师的观察、评价或评估。有效的教师既反思自身的教学实践，又反思他人的教学实践。例如，他们可能会思考自己是如何布置教室的，每日时间表是如何安排的，是否对儿童进行了充分的观察，甚至反思自己与其他成人和儿童的关系。有效的教师经常观察其他教师的教学实践，并不是为了批判，而是着眼于判断他人的策略是否适用于自己的班级。

萧恩（Shon，1987）使用"反思型实践者（reflective practitioner）"一词来描述那些审视和分析自身实践的教师。反思型实践者（在本章中也被称为教师或专业人员）会进行观察和评估，即通过反思使教学实践更为有效。

所有教师都能从反思中受益，从而进一步提升其专业实践水平。科恩（1996）鼓励教师审视自己的实践行为，并自觉地进行反思。反思会帮助教师做出明智的决定，证明决策和选择的合理性。

反思：一种专业责任

全国教师教育认证委员会（National Council for the Accreditation of Teacher Education，NCATE）和全美幼儿教育协会等专业组织都在关注教师的培养。它们编写了有关教师教育项目的指南，帮助高校将重点放在毕业生应了解和能做的事情上。

全美幼儿教育协会所列标准中的准则 5 涉及专业技能和知识。而专业素养的一个方面是能够进行自我评估及自我评价。因此，全美幼儿教育协会在准则 5.1 中特别强调了此类能力：

（职前培养）项目培养反思型早期教育从业人员……不断自我评估和评价其选择及行为对他人（幼儿、家长和其他从业人员）的影响，以此作为项目规划和调整以及教师持续专业发展的基础。

不同的教师，不同的自我反思观

每个人自我反思的历程是迥然不同的：每位教师都有自己的反思方式和反思能力。而且，每位教师对反思的信念都会影响其反思实践的意愿。例如，如果一位教师坚信他应该思考自己的专业实践，并且在必要时加以改变，那么该教师极有可能会反思自己的实践。另一方面，如果一位教师认为他不必评价自己的行为，那么他就不会审视或反思实践。

有些教师可能实际上会抵触反思；而另一部分教师只是尚未认识到应该反思自己的实践。许多教师则享受反思的整个过程，对此毫无恐惧或焦虑。

一些教师在反思方面的操作水平较高，即进行"元"反思（"meta" reflection）。他们对反思进行反思：不仅反思自己的实践，还让他人参与其中。他们可能会写一些关于反思的文章，正如弗兰克（Frank，1999）在一篇短文中所写的那样。该层次的教师可能会组织研讨会或学习小组，以使他人也有机会学习反思。

教学反思的层次

兰伯特（Lambert，2000）编制了一套描述教师的四种反思水平的标准（见表 11.1）。它描述了个体反思实践的能力与意愿的范围，从没有或很少反思上升到鼓励他人进行反思。

表 11.1　教师的反思水平

水平 4：评估自己的实践并鼓励他人进行自我反思
水平 3：自我反思与分享相结合
水平 2：自我反思 / 很少或没有与他人分享自我反思
水平 1：没有或很少自我反思

来源：L. Lambert (2000).

水平 1：没有或很少自我反思

有很多原因可以解释为什么教师不反思实践。处于这一反思水平的教师实际上可能会拒绝进行太多反思或自我评价，因为他们认为没有必要反思，或者反思是毫无意义的。

一位五年级教师公开表示反对自我反思。他还评论了奥克劳文学校的教师评估教学实践的计划："这整件事（对教学实践的评估）……有什么意义呢？"

如果管理者轻视或惩罚自我反思的行为，那么许多教师可能会犹豫，即使他们倾向于反思实践。这将是一个制度问题，教师可能会感到疑惑不解，不知怎样做是最佳方案。

一所幼儿园的园长负责监管教职工的教学实践。他规定了教师如何安排圆圈活动，并且不允许教师做任何改变。他嘲笑一位教师，因为该教师曾说自己已考虑过为阅读小组制定一种新的座位安排方式。

还有一种可能是，具有这种反思风格的教师甚至没有认识到自我反思的必要性。在这种情况下，告知对方需要反思可能会奏效。

一位教师开展圆圈活动是因为他在实习时见过几十次圆圈活动。然而，她不考虑幼儿的需求和能力，也从未反思圆圈活动是如何进行的。她原本不打算做一些有助于幼儿更好地参与圆圈活动的改变，直到一位同事建议她可以考虑换一种座位安排方式，这样所有幼儿就都能够看到故事书。

水平2：自我反思 / 没有或很少与他人分享自我反思

处于这一水平的教师确实会反思某些实践，但通常不会与其他教师分享。原因可能是，教师不知道分享想法是有益的，不愿意分享想法也可能是由于缺乏分享技巧。

一位教师发现圆圈活动存在问题，并反思了造成这一问题的可能原因。她发现，是因为她没有周全地思考座位的安排方式。于是她调整了座位，但对同事只字不提，因为她觉得他们会认为她是不称职的。

水平3：自我反思与分享相结合

处于这一水平的教师会自觉地反思自己的实践以进一步改进，也会与他人分享自己的想法。但在和同事分享之前，教师必须感受到与同事在一起时是有安全感的。

一位教师发现了一个有关圆圈活动的问题，反思了可能的缘由之后，得出的结论是座位安排不当使得一些幼儿很难看到书。她进行了调整，即重新整理了地毯方格。她制作了一份调整前后的座位安排图，将其上传至教师在线讨论群中，并请其他教师对故事阅读活动的最佳座位安排方式进行评论。

水平4：评估自己的实践并鼓励他人进行自我反思

处于这一水平的教师不仅评估自己的实践，而且创设促进反思的环境。他们可能会召集其他教师一起制订计划，或者进行同伴互助，或者写一篇关于如何成为反思型教师的文章。

内利斯先生似乎就达到了这一水平。他和五年级的一位教师向学校提出"自我反思行动"这一构想，先向校长提出，再面向全体教师。在"自我反思行动"中，他带领教师小组分配任务。该小组已经在进行同伴互助，他们通过使用工具对班级进行评估，这是协作规划的一个良好范例。

鼓励反思性教学的学校环境

当教师在鼓励自我反思的学校工作时，他们更有可能进行反思。因为在这种环境中，教师不会对审视自己的实践心生畏惧。教师会有安全感；学校的氛围没有威胁性，也不会制造紧张氛围。即使有需要改进的地方，他们也不会担心管理者对他们印象不好或施加惩罚。

奥克劳文学校就鼓励教师进行反思性教学。教师知道校长或主任希望促进其专业成长，因为他们的专业成长最终会造福儿童及其家庭。

校长全心全意地支持奥克劳文学校的教师，帮助他们提升自我反思的技能。校长从未要求任何人参与。相反，她会询问她能做些什么来帮助教师完成"自我反思行动"这一计划。

这位校长撰写的绩效评估强调了教师的优势。她赞扬并鼓励那些能挖掘成长空间并采取行动发展新技能的教师，也重视反思性教学。正是她撰写了项目申请书，该项目为教师从美国督导与课程开发协会（Association for Supervision and Curriculum Development，ASCD）筹集了参与反思性教学在线课程的资金。

观察：教学反思的基础

观察是对儿童进行真实性评价的基石，也是早期教育从业人员进行自我反思的基础。教师可以使用多种观察工具进行观察，包括检核表、评定量表、轶事记录甚至持续性记录，无论是教师自编的还是现成的。

本章主要阐释如何使用特定的观察策略和工具来进行观察，进而改进专业实践。

幼儿学习环境评量表（修订版）

这是幼儿园教师瓦尔加斯女士开展评估的工具。完成这一观察后，她更加清楚哪些方面需要改进，从而使教学更为有效。

描述

幼儿学习环境评量表（修订版）(Harms et al., 1998)是一个基于观察的工具。它既是一种研究工具，也是针对 2.5—5 岁学前儿童班级环境质量的评估工具。教师用它来评估机构质量的七个领域。这些领域又叫子量表，每个子量表包括多个题项。

- 空间和设施：包括室内空间、日常照料设施、放松和休闲设施、室内游戏空间、私密空间、儿童展示品、大肌肉活动空间，以及大肌肉活动器材。
- 个人日常照料：包括入园与离园、正餐/点心、午睡/休息、如厕/换尿布、卫生措施和安全措施。
- 语言—推理：包括图书和图片、鼓励儿童交流、运用语言发展推理技能，以及语言的非正式运用。
- 活动：包括小肌肉活动、美术、音乐/律动、积木、沙/水、角色游戏、自然/科学、数学/数字，及电视、录像机或计算机的使用，以及促进儿童对多样性的接受。
- 互动：包括对大肌肉活动的监管、一般的监督（不包括大肌肉活动）、纪律、师幼互动和同伴互动。
- 课程结构：包括时间表、自由游戏、集体活动和残障儿童支援。

📖 家长与教师：包括家长支持、教师个人支持、教师专业支持、教师之间的互动与合作、教师的督导与评价，以及专业发展机会。

幼儿学习环境评量表（修订版）的施测与评分

幼儿学习环境评量表（修订版）是一个评定量表，每个题项下有若干指标。观察者需要对子量表中的每个题项进行评分。观察者阅读这些指标，并在单独的评分表上勾选"是"或"否"。观察者根据选择"是"或"否"的数量确定某个题项的评分，评分范围从 1 分（不足）到 3 分（最低标准）到 5 分（良好）到 7 分（优良）。

瓦尔加斯女士对"活动"子量表中的"数学 / 数字"这一题项进行评分。她在这一项上给班级评定为 5 分，因为所有低于 5 分的指标均被评为"是"。瓦尔加斯女士决定进一步反思机构在这一领域的表现水平，并着力提高与"数学 / 数字"有关的活动的质量。

之后，瓦尔加斯女士检查了每一题项的得分，并判断哪些题项需要改进。在"电视、录像机或计算机的使用"这一题项上，她将班级评为 4 分，并与克莱本先生讨论她之前对此感到非常羞愧。克莱本先生告诉她，学前班和小学教师通过使用观察工具对这一题项的评分大约也在这个水平。因此，瓦尔加斯女士及其在学前班 / 小学的同事决定进一步反思，并将重点放在"电视、录像机或计算机的使用"这一题项上。你将在本章中阅读有关这个团队进一步行动的计划。

教师可以像瓦尔加斯女士一样使用这个工具进行自我评估，或者可以由外部观察员进行评估。观察者可以参加研讨会，观看培训视频，或者在观察之前仔细阅读指导手册。幼儿学习环境评量表（修订版）的编制专家建议观察至少要持续 2 小时，观察时间越长越好。

小学低年级课堂实践评量表

这是奥克劳文学校的学前班至小学阶段的教师用于评估的工具。这类自我评估有助于教师进一步反思需要改进的方面。

描述

小学低年级课堂实践评量表（Hemmeter et al., 2001）也是一个基于观察的工具。它评价的是课堂中"发展适宜性实践"的实施情况，其结构与幼儿学习环境评量表（修订版）类似。教师或研究人员可以使用它来评估学前班至小学三年级普通班级的质量。这些班级可能在每日的部分时间段接纳残障儿童。教师也可以使用该评定量表评估只招收发展正常的儿童的班级。

教师往往评估班级教育实践的三大领域。该评定量表无法测量更广的学校环境，如艺术或音乐课，甚至不能评估户外操场环境。它依靠观察来收集信息，也包括访谈问题，但编制者明确表示，"通过观察收集的数据永远优于通过访谈收集到的数据"。

小学低年级课堂实践评量表评估三大领域，每个领域包含若干特定项目。

- 物质环境：包括班级布置、儿童作品展示、教室的可获取性，以及健康和班级安全。
- 教学情境：包括材料的使用、计算机的使用、监测儿童的发展、教师—儿童的语言、教学方法，以及学科间的整合与广度。
- 社交情境：包括儿童在决策中的角色、残障儿童参与班级活动、社交技能、多样性、适宜的过渡，以及家长参与。

小学低年级课堂实践评量表的施测与评分

小学低年级课堂实践评量表可以通过两种不同的方式评分，即检核表或评定量表。

以检核表的形式进行评分

子领域中的每个项目都有若干指标，共 135 项。观察者对每个项目的指标进行评价，并将其标记为"是"（T）或"否"（NT）。以检核表的形式进行评分花费的时间更长，但可以为观察者提供更多关于课堂实践的信息。

内利斯先生采用检核表的形式进行评分，因为他想检查教室中每一个可能出现的指标。对于"社交情境"领域下的"家长参与"这一项，他将 11 项指标中的每一个都评为"是"或"否"。内利斯先生决定把该项目作为需要进一步反思的方面。

以评定量表的形式进行评分

该评定量表的目标是获得某个领域中每个项目的分数。这些项目的评分按从 1 分到 7 分排列，具体为 1 分、3 分、5 分和 7 分。1 分表示在发展适宜性实践方面存在不足，3 分表示最低限度的适宜性实践，5 分表示良好，7 分表明在发展适宜性实践方面非常优秀。

李先生（三、四年级）以评定量表的形式进行评价，对"社交技能"这一项目的评分为 6 分，表明他的课堂实践在这一项目上接近优秀。他仔细阅读了 5 分以下的所有指标，且都评定为"是"。于是，他开始阅读 7 分以下的指标，发现其中两个指标中的一个被评定为"是"。在这种情况下，按照该评定量表的评分细则，其得分应该为 6 分。虽然他的分数很高，但李先生认为他需要着重关注"解决冲突"这个被评定为"否"的指标。

将反思付诸行动

教学反思的目标是加强专业实践，而观察是收集有关实践信息的主要工具。这些观察为教师有待思考的改进工作指明了方向。

本章的这一部分将集中讨论，对忙碌的教师来说，如何在真实的教学环境中进行教学反思。你将读到三个教学反思案例。

- 早期教育教师小组反思如何改善对电视、录像机或计算机的使用。
- 李先生思考如何教授学生解决冲突的方法。
- 内利斯先生反思如何促进家长参与。

小组行动计划

奥克劳文学校的全体早期教育教师都使用幼儿学习环境评量表（修订版）和小学低年级课堂实践评量表完成了自我评估。内利斯先生建议召开小组会议，根据每位教师的自我评估制订一项行动计划。

李先生："用小学低年级课堂实践评量表进行评估确实花了很多时间，但我现在知道什么是发展适宜性了。我惊喜地发现，我没有尽己所能地利用计算机、电视或录像机。"

"我也是"，瓦尔加斯女士说道，她看到三位同事都点头表示赞同。"这似乎是我们可以共同努力去解决的事情。"

该小组随后制订了"更有效地利用媒介的行动计划"（见表 11.2）。每位教师都将通过轶事记录来记录他们使用媒介的方式的变化。他们还将行动计划呈交给了校长。

表 11.2　教师：更有效地利用媒介的行动计划

我们正在努力实现以下目标：
※ 更积极地与儿童一起使用媒介
※ 使用能鼓励儿童积极参与的材料

（续表）

> ※ 使用能支持与扩展课堂主题、项目及活动的材料
> ※ 让小学儿童使用计算机至少实现三个目标，如文字处理、绘画或设计、学习和练习新技能
> ※ 让小学儿童使用计算机开展探究活动（光盘式百科全书或互联网）
> ※ 在校时常用互联网
>
> 为实现上述目标，我们将：
> ※ 牢记目标，规划课程与活动
> ※ 通过轶事记录来记录目标实现的进展
> ※ 小组一起反思进展状况
> ※ 在6周内使用幼儿学习环境评量表（修订版）和小学低年级课堂实践评量表来开展评估
> ※ 撰写一份简要报告，然后呈交给校长

李先生：反思冲突解决

改善教学实践

李先生想反思一下如何向三年级学生教授解决冲突的方法。首先，他决定评价一下每个儿童使用冲突解决技能的能力和意愿，并采用评定量表作为观察工具。表 11.3 是教师自编的评定量表。

表 11.3　评定量表：冲突解决能力

> 儿童的姓名：_____
> 日期：_____
>
> 在准确描述该儿童运用冲突解决技能的选项上画"×"。
> 首先，这名儿童是否懂得如何解决冲突？　　是　　否

（续表）

其次，这名儿童是如何运用冲突解决技能的？

	总是	经常	偶尔	很少	从不
1. 运用适当的冲突解决技能					
2. 运用不当的冲突解决技能					
3. 仅在教师坚决要求时运用冲突解决技能					
4. 仅在教师指导下运用冲突解决技能					
5. 在没有教师指导的情况下运用冲突解决技能					

帮助该儿童的建议：

其次，在这一过程中，他使用了一份教师自编的检核表来提升自己在冲突解决方面的课堂实践水平。他将这份文件分享给三位同事，并请他们提出意见（见表11.4）。

表 11.4　有关冲突解决的行动计划检核表

____ 评估每名儿童解决冲突的能力（使用教师的自编评定量表）

____ 邀请指导顾问开展三场关于冲突解决的讲座

____ 通过"思考木偶（thinking puppets）"策略来强化指导顾问的讲授内容

____ 给全班儿童阅读有关冲突解决的故事

____ 制作如何解决问题的海报，将其张贴在集体活动区附近的墙上

____ 就冲突解决这一问题向儿童提供现场指导；提示他们如何解决冲突、如何进行协商

（续表）

____在教室里指定一个专门的位置来解决冲突

____就 6 周内我们在解决冲突方面的变化对班级进行评分

反思

内利斯先生的行动计划

内利斯先生想在家长参与方面做出一些改变。

完善一项已然不错的实践

内利斯先生希望完善一些指标，虽然他已将其标记为"是"。他认为，如果教师能够为家长提供更多选择，家长的参与度就会增加。

- 是。"建立一个沟通系统，便于家长和教师能及时沟通。"

  目前，他通过语音信箱、班级电话和班级网站与家长进行沟通。他决定创建一份家长电子邮件通讯录，因为超过 85% 的家长表示，他们更喜欢通过电子邮件或互联网获取信息。

- 是。"为家长提供参与班级活动的多种选择。"

  现在，他鼓励家长来校观察、担任导师以及准备材料。他决定给家长增加选择课程、指导户外教学、担任演讲嘉宾以及安排班级庆祝活动等选项。

改善课堂实践

内利斯先生在"家长参与"这一项中将两个指标标记为"否"。

- 否。"教师每月至少与家长沟通一次，让家长了解儿童在学校的进步情况。"

📖 否。"学校或教师询问家长希望如何参与相关的班级活动。"

他认真地思考了能实现这些目标的有效途径，决定采用同样的方法来改善这两个指标。表11.5为内利斯先生的行动计划。

表11.5　促进家长参与的自我反思行动计划

我正在努力实现以下目标： 　1. 每月至少与家长沟通一次，让家长了解儿童在学校的进步情况 　2. 询问家长，他们希望如何参与相关的班级活动 为实现上述目标，我将： 　1. 联系每个家庭，就这两个问题进行采访，或请他们填写调查问卷 　2. 编制并使用一份简单的、有关沟通儿童进步情况和班级参与的检核表 　　（见表11.6） 　3. 撰写一份简要的报告，与同事分享，并呈交给校长

内利斯先生的反思

询问家长希望如何参与

内利斯先生第一次意识到，他从未就家长喜欢以怎样的方式参与以及希望如何与其联系等问题询问过他们的想法（Hemmeter, Maxwell, Ault, & Schuster, 2001）。因此，他做的第一件事就是联系每个家庭并直接询问。

然后，他不得不处理一个相当微妙的情况，即关于那些从未来过学校的父母。他从来没有评判过这些家长，因为这并不专业。毕竟，家长缺席儿童的班级活动有诸多原因。

有些家长在远离家乡的地方工作，有些家长则在童年时代有过糟糕的学校经历。许多家长认为教师不需要帮助，而另一部分家长完全不知道家长参与能为孩子带来益处。有些家长的时间管理能力较差，也可能害羞，或者认为自己的衣着不够光鲜。也有一些家长认为自己无能为力，而另外一些家长畏惧权威，并将教师视为权威人物。最后，还有一些家长被为人父母这一角色压垮了。

今年年初，内利斯先生班上的一位家长跟他谈过，说她无法经常来学校。她是一位单身母亲，以设计网页为生，并且在攻读研究生学位。早在内利斯先生进行这项调查之前，她就告诉他，自己很遗憾没有时间来班级，但她可以设计和维护班级网页。作为网站管理员，她的班级参与可能显得不同寻常且不合常规，但她一直是内利斯先生班上最积极的家长之一。

坎贝尔先生是其中一个儿童的父亲，住在隔壁小镇，是内利斯先生班里一名儿童的共同监护人，但他从未来过学校。内利斯先生一直在给该儿童的母亲发信息，却没有给父亲发送过。于是，教师联系了该儿童的父亲，询问其是否愿意参与。这位父亲想了解有关孩子的一切情况，并想知道如何参与垒球训练。

内利斯先生立即将这位父亲的名字添加到电子邮件通讯录和学校办公室的邮件列表中。他还将这位父亲的名字添加到他的检核表中（见表11.6）。现在，教师可以将所有关于该儿童的信息发送给父母双方。

第三位家长华莱士先生也从未来过学校，他是一名海军军官，每次都要在海上停留几个月。当被问及他更希望如何参与时，他的回答出乎内利斯先生的意料，"我没办法来学校，因为我在海上。我浏览班级网页从而得知了家庭作业，这样我和妻子就可以辅导杰克做家庭作业了。我真正想做的是每周给杰克的全班同学发一封电子邮件。我是一名业余摄影师和观鸟爱好者，我想把我看到的鸟类照片和相关描述一起发给他们"。

内利斯先生也将华莱士上尉的名字添加到他的电子邮件通讯录和检核表中。

表 11.6　自我反思行动计划——家长参与检核表

月份： 十二月、一月、二月、三月、四月、五月、六月（勾选月份）

家长的姓名	是	否	本月与每位家长沟通儿童的在校表现　对儿童的评价
亨尼西	√	___	电话 / 描述科学实验
托马斯	√	___	电子邮件 / 把诗歌作为附件
范加	√	___	面对面 / 数学与动作发展检核表
撒奥	√	___	电子邮件 / 附件：数学检核表
乔根森	√	___	电话 / 在朗诵方面的进步
罗根-诺斯	√	___	电子邮件 / 附件：安迪的动作发展检核表
华莱士夫人	√	___	电子邮件 / 扫描杰克的两个书写样本
华莱士上尉	√	___	电子邮件 / 扫描杰克的两个书写样本
弗登	√	___	电子邮件 / 在数学领域的飞跃进步
卡尔	√	___	面对面 / 附件：数学检核表
博科弗	√	___	电子邮件 / 在阅读方面的进步
马丁内斯	√	___	电子邮件 / 描述科学项目
拉莫斯	√	___	电子邮件 / 喜欢图书馆里有关动物的书籍
华盛顿	√	___	电话＋电子邮件 / 阅读小组
比约恩拉德	√	___	电子邮件 / 对植物感兴趣
卡佩利	√	___	电子邮件 / 领导能力
加德纳	√	___	电话 / 亲近他人，羞怯程度减轻
坎贝尔夫人	√	___	电子邮件 / 非常好的阅读技能
坎贝尔先生	√	___	电子邮件 / 非常好的阅读技能
谢弗	√	___	电子邮件 / 附件：数学检核表

（续表）

> **反思**
>
> 　　这些轶事记录和文件帮助我与所有家长保持联系。仅用 1 小时，我就完成了所有的联络工作。拉莫斯和卡佩利对此感到很高兴。拉莫斯一家并不知道他们的孩子喜欢阅读有关动物的书籍，卡佩利一家说，我证实了他们对托尼的领导能力的观察。
>
> 　　我认为，这是一项极好的时间投入。

每月至少与每个家庭就儿童的整体发展情况进行一次沟通

内利斯先生与家长保持联系。他很好地使用并解释了档案袋里的记录（见第 6 章）。他总会在 1 月和 5 月与每个家庭进行面对面的家长会，并将继续沿用这种正式的沟通方式。但是，他也希望每个月与每个家庭联系一次，以便让家长了解其孩子的进步，并希望自己能高效地完成这项工作。表 11.6 是教师自编的检核表，他使用该表检查和确保自己达成了这个与家长沟通的目标。

他每个月都会与家长沟通儿童的进步情况，虽然这种沟通方式不像家长会那样正式。他计划给那些倾向于电话联络的家长打电话，在学校里会见一些家长，给倾向于电邮联络的家长发电子邮件；他还计划尽可能地给每位家长发送有关儿童发展和进步情况的样例。

内利斯先生给杰克的父母发了一封电子邮件，描述了杰克在书写上的进步。在杰克的帮助下，教师选取了两份书写样本，扫描到计算机上，并将其与文字说明一起附在电子邮件中。因此，早在杰克的母亲参加 5 月的家长会之前，杰克的父母（父亲是海军，不常在家）就能与孩子交流其发展和进步的情况。

帮助你建构观察知识和技能的活动

活动 1

写日记：自我反思。阅读本章关于自我反思水平的部分。基于实际教学实践，你认为自己属于哪个水平？原因是什么？

描述一件你认为最有助于提高自我反思能力的事情。请解释，你为什么认为它会对你有所助益？

活动 2

如果你是瓦尔加斯女士，那么你将如何改进与"数学和数字"有关的教学实践呢？具体来说，她发现自己需要给儿童提供更多活动，而这些活动又需要教师投入更多。以下是一些例子。

- 制作图表以比较儿童的体重或身高。
- 统计并记录植物角中的植物数量。
- 提供三四种不同类型的面包，并记录喜欢每种面包的儿童的数量。

她也发现，需要定期更换数学材料以使儿童保持兴趣。以下是一些例子。

- 用不同的材料计数。
- 称量不同物体的重量。
- 用量尺测量不同的物体。
- 提供各类几何形状的物体。

请使用以下表格，根据本章所述内容为瓦尔加斯女士制订一个行动计划。

改进"数学与数字"活动的自我反思行动计划

我正在努力实现以下目标：
为实现上述目标，我将：

请重温本章关于教师如何观察与反思以实现目标的部分。编制适宜的观察工具以备未来使用，并陈述选择该工具的原因。

附 录 1

撰写定期观察报告和最终观察报告的大纲

早期教育专业人员有着坚定的历史感,这有助于他们为职业的未来发展奠定基础。卡本纳拉(Carbonara,1961)的小册子《观察普通儿童行为的技术》(*Techniques for Observing Normal Child Behavior*)对于定期观察报告和最终观察报告的撰写提出了极好的建议。

当你撰写儿童的年中报告和最终报告时可以采用她的建议。我冒昧地提及了男孩和女孩。收集你对于某个儿童的所有观察(持续性记录、轶事记录、检核表和评定量表),用以下大纲内容撰写观察报告。

概述儿童个体的定期观察报告和最终观察报告

1. *外貌*
   - 儿童长什么样?
   - 儿童穿得如何?
   - 他看起来身体健康吗?

2. *身体的活动与运用*
   - 儿童的身体活动快还是慢?
   - 儿童的身体看起来自在吗?还是僵硬、笨拙、缺乏自信?
   - 儿童的大小肌肉是均衡发展的吗?还是一种比另一种发展得更好?
   - 儿童的感觉有多少是通过身体表达的?

3. 面部表情

- 儿童的感觉有多少是用面部表情呈现的？
- 儿童每时每刻的反应都表现在脸上吗？
- 儿童通常是面无表情的吗？

4. 说话

- 儿童的感觉有多少是通过语调表达的？儿童的语调通常是有所控制的，还是表达了波动的情绪？
- 儿童在失落时说得比平时多还是少吗？
- 对儿童来说，说话是一种重要的交流方式，还是儿童很少说话，用其他方式交流？
- 儿童喜欢以言语的方式做游戏吗？如创编诗歌、双关语故事。
- 儿童的说话流畅、一般、断断续续，还是口齿不清？

5. 情绪反应

- 儿童何时、以怎样的方式表现开心、愤怒、悲伤、怀疑、热情？
- 儿童似乎太少、太多，还是平衡地控制自己的情绪？

6. 与其他儿童的关系

- 儿童找其他儿童吗？何时、怎样找？
- 儿童只找某个儿童吗？
- 儿童躲避其他儿童或某个儿童吗？何时、如何躲避？
- 儿童会等其他儿童来找自己吗？如何回应找自己玩游戏的其他儿童？
- 儿童会用很多时间看其他儿童、某个儿童或某些活动吗？
- 儿童通常是领导者还是追随者？或者，有时是领导者，有时是追随者？
- 儿童和其他儿童在一起时舒服吗？能够给予、获得和分享想法和设备吗？或者，儿童害怕吗？专横吗？如果不按自己的心意行事就会郁郁寡欢吗？过度地向其他儿童表达自己的观点吗？
- 儿童与其他儿童相处的方式是适龄的、早熟的还是稚嫩的？

7. 与成人的关系
- 儿童基本上信任成人吗？是如何表现的？
- 儿童可以容易地向成人求助吗？还是只向特定的成人求助？
- 儿童总是需要在身体上靠近教师吗？需要看到教师吗？儿童冷漠吗？
- 在不同的时间和不同的成人相处时，儿童看起来是舒服且友好的，还是依赖、难以满足、焦虑、安慰、挑衅的？
- 儿童向成人寻求安慰，还是避免得到成人的安慰？
- 儿童会请成人帮忙吗？何时、如何请求？受到限制时，儿童如何反应？有何要求？会用很多时间观察成人吗？
- 儿童与成人相处的方式是适龄的、早熟的还是稚嫩的？

8. 游戏活动
- 儿童参加了什么活动？他们是如何开始的？过程是怎样的？接下来呢？
- 儿童长时间地玩一个东西，还是短时间地玩了一个东西之后又玩另一个东西？儿童会短时间玩一些游戏，并长时间地专注于另一些游戏吗？有儿童不想玩的游戏吗？
- 儿童似乎从活动中得到了什么？与其他儿童的社交、快乐感、掌控感或解决了问题，还是创造性地表达了观点和感受？儿童在活动的哪些方面感到特别受挫或愉快？
- 儿童游戏的节奏是平稳的，还是加速的或减速的？什么时候？
- 儿童从不、有时还是总是喜欢独自游戏？在什么情况下？
- 儿童在游戏中会通过口头、身体姿势、创造性媒介表达自己的想象吗？在戏剧游戏（婴儿、妈妈、爸爸、狗）中，儿童喜欢扮演哪些角色？
- 儿童在室内还是在室外玩感觉更舒服？儿童喜欢在狭窄的空间中玩，还是喜欢在宽敞的区域中玩？
- 儿童有时会粗鲁地停止游戏吗？什么时候？为什么？儿童接下来做了什么？
- 儿童会尝试新东西吗？对环境、设备、人好奇吗？有特别的技能吗？

附 录 2

在观察游戏材料或活动中建议探寻的问题

1. 哪些儿童被游戏材料或活动吸引了？
   - 这些儿童中有相似之处吗（如都是男孩、都是女孩、既有男孩又有女孩、都很安静）？
   - 哪些儿童不喜欢在某个游戏区玩？他们有相似之处吗？
   - 这是某些儿童不喜欢玩但喜欢看其他人玩的活动或材料吗？

2. 不同的儿童如何使用相同的材料，参与相同的活动？
   - 不同的儿童似乎从中有不同的收获，还是大部分儿童似乎从中有相似的收获？
   - 不同年龄的儿童如何玩相同的材料，参与相同的活动？
   - 男孩和女孩使用的方式不同，还是差不多？

3. 为什么将某些材料或活动提供给儿童？
   - 材料或活动有哪些可能性？创造性表达、问题解决还是感官上的快乐？
   - 材料或活动的缺点是什么（如积木倒塌，计算机黑屏）？
   - 为了建设性的目的而运用材料或活动需要多少自我控制？有些儿童或某个年龄段的儿童是否在自我控制方面有困难？
   - 材料或活动有助于促进儿童的社会交往吗？
   - 材料会促成更多的独自游戏吗？
   - 材料或活动只适合两个儿童玩吗？

4. 当儿童共享材料或活动时，一个儿童如何影响另一个儿童？

- 谁开始游戏？
- 谁建议改变？
- 如何结束？
- 要让游戏有益地进行，儿童需要解决哪些问题？

5. 就材料或活动而言，教师的作用是什么？

- 只是提供材料或活动吗？
- 提出建议吗？
- 积极介入并组织吗？
- 完全主导吗？
- 材料或活动的哪些特点体现了教师在教学实践中做出的决定？

参考文献

Ainsworth, M. D. S., Blehar, M., Waters, E., & Wall, S. (1978). *Patterns of attachment*. Hillsdale, NJ: Erlbaum.

Baumrind, D. (1996). Parenting: The discipline controversy revisited. *Family Relations*, 45, 405–414.

Bracken, B. (2000). Clinical observation of preschool assessment behavior. In B. Bracken (Ed.), *The psychoeducational assessment of preschool children* (pp. 45–56). Boston: Allyn & Bacon.

Bredekamp, S. (Ed.) (1987). *Developmentally appropriate practice in early childhood programs serving children from birth through age 8* (Exp. ed.). Washington, DC: NAEYC.

Bredekamp, S. (1997). Position statement on developmentally appropriate practice in early childhood education. *Young Children*, 52, 34–41.

Clay, M. (1990). Research currents: What is and what might be in evaluation. *Language Arts*, 67, 288–298.

Clay, M. (1993). *An observation survey of early literacy achievement*. Portsmouth, NH: Heinemann.

---

[1] 为了环保，也为了节省您的购书开支，本书参考文献不在此一一列出。如果您需要完整的参考文献，请通过电子邮箱 1012305542@qq.com 联系下载，或者登录 www.wqedu.com 下载。您在下载中遇到问题，可拨打 010-65181109 咨询。